SU PRIMERA CASA

EL CAMINO PROBADO PARA SER PROPIETARIO DE UNA CASA

SU

SEGUNDA EDICIÓN, NUEVA Y AMPLIADA

PRIMERA

CASA

GARY KELLER Y JAY PAPASAN

Keller
🏠INK

Información del registro CIP del editor
(preparado por The Donohue Group, Inc.)

Nombres: Keller, Gary, 1957- autor. | Papasan, Jay, autor.
Título: Su primera casa: el camino probado para ser propietario de una casa / Gary Keller y Jay Papasan.
Descripción: Segunda edición nueva y ampliada. | Austin, TX : KellerINK, sello editorial de Bard Press, [2022] | Publicado anteriormente: Estados Unidos: Rellek Publishing Partners, Ltd., [2008]. | Incluye índice.
Identificadores ISBN 9781885167934 (edición de bolsillo) | ISBN 9781885167941 (edición electrónica)
Temas: LCSH: Compra de casa--Estados Unidos--Guías, manuales, etc. | Préstamos hipotecarios--Estados Unidos--Guías, manuales, etc. | Propiedad de viviendas--Estados Unidos--Guías, manuales, etc. | LCGFT: Guías y manuales.
Clasificación: LCC HD259 .K44 2022 (versión impresa) | LCC HD259 (versión electrónica) | DDC 643/.120973--dc23
Si le interesa comprar muchos ejemplares, comuníquese con *Info@BardPress.com*.

Publicado por KellerINK, Austin, TX, bajo sello editorial de Bard Press, Portland, OR.

Edición de bolsillo: 978-1959472001

La edición anterior de esta obra fue publicada por Rellek Publishing Partners, Ltd. en Estados Unidos en 2008. Segunda edición publicada en 2022.

Portada y diseño de Cindy Curtis

Visite YourFirstHomeBook.com

CONTENIDO

PREFACIO

Aún recuerdo la compra de mi primera casa. Fue todo un acontecimiento. Me gustaba mucho esa casa, pero lo gracioso es que, en realidad, fue mi segunda opción. Desaproveché mi primera opción. Cuando la encontré, en vez de comprarla, pasé por delante todos los días en mi automóvil durante casi una semana, soñando con vivir allí. Estaba seguro de mi deseo de tener casa propia, pero no estaba seguro del mercado ni de cuál era el siguiente paso. Por desgracia, al quinto día de pasar por el frente, mi primera opción ya tenía un cartel que decía "vendida". Quedé descorazonado. Pero ahora sabía que no podía titubear y estaba seguro de lo que debía hacer la próxima vez. Compré inmediatamente la que era mi segunda opción.

La razón por la que comparto esto es para que sepa que, incluso como agente inmobiliario experimentado, perdí la oportunidad con la primera casa que quería. No quisiera que a usted le pasara lo mismo. También es importante tener en cuenta que su primera casa probablemente no sea la última, y que esa primera compra allana el camino para, más adelante, conseguir la casa de sus sueños incluso más rápido de lo que se imagina. Como dijera mi padre, Lew Keller, cuando compré mi primera casa, "Cómprala para venderla".

Este libro trata sobre la compra de su primera casa. Por lo tanto, me gustaría exhortarlo sinceramente a que se lance de lleno. Lo mejor de tener casa propia es la posibilidad de sentar una base firme para un sólido futuro financiero, además de crear las pautas para su estilo de vida personal. Para ser franco, posiblemente sea la inversión más inteligente que pueda hacer.

El objetivo de este libro es ofrecerle orientaciones confiables y ayudarlo a plantearse expectativas claras y definidas. Mi consejo es que tome y deje. Concéntrese en las partes que le interesan y dedíquele menos tiempo a las que no, pero primero, permítame compartir el consejo más importante que puedo darle: no es necesario que lo sepa todo.

Con varias décadas de experiencia acumulada, puedo contar por millares la cantidad de transacciones de bienes raíces en las que he participado. ¿Sabe qué? Todavía no lo sé todo, ni quiero saberlo. He descubierto que saberlo todo no es tan importante como saber a quién acudir para obtener asesoría de un experto. Me siento orgulloso de contar con las habilidades y el talento de las personas con las que trabajo, y lo exhorto a hacer lo mismo al emprender la búsqueda de su primer hogar.

Recuerde, su agente de bienes raíces, el prestamista hipotecario y el inspector de vivienda conocen todos los aspectos prácticos del proceso. Todos son expertos en el mercado, en lo relativo a la transacción y la construcción, y podrán contestar o encontrar la respuesta a prácticamente cualquier pregunta que usted pueda tener. Sin embargo, habrá algunas preguntas que sólo usted podrá responder: ¿Dónde quiero vivir? ¿Qué aspecto tiene mi hogar ideal? ¿Cuánto puedo pagar cómodamente? ¿Esta compra de vivienda satisface mis necesidades y se ajusta a mis planes a largo plazo?

Los agentes de bienes raíces les dirán que ayudar a las personas que compran su primera casa es uno de los aspectos más gratificantes de su trabajo. Ellos saben que convertirse en dueño de una casa es un gran acontecimiento, y se sienten honrados de ser parte de ese momento. Es una oportunidad emocionante, un momento emotivo con una poderosa carga: usted lo ha logrado. Usted es una persona responsable. Usted se siente seguro. Usted es parte de una comunidad. Usted ha alcanzado su sueño. Usted está en su propia casa.

Me encanta lo que hago y me siento honrado de poder ayudar a la gente a tomar posesión de su primer hogar. No me cabe la menor duda de que, quien quiera que lo esté guiando, siente exactamente lo mismo. Así que, buena suerte en su recorrido. Espero que sea lo más apacible y agradable posible, y que la adquisición de su primer hogar lo llene de una profunda emoción.

— Gary Keller,
Presidente ejecutivo y
cofundador, Keller Williams Realty

NADA COMO EL PROPIO HOGAR

Amy y Brian Katz no sabían qué hacer. Estaban a ley de sesenta días de renovar el contrato de alquiler de su apartamento de Nashville, Tennessee, cuando recibieron una llamada de su casero diciéndoles que iba a vender el edificio. En ese momento no tenían planes para comprar una casa. "Nos ofreció la oportunidad de comprarla", recuerda Amy, "pero decidimos buscar una casa en vez de ofrecerle comprársela". Además de tener que buscar un nuevo lugar para vivir, estaban esperando su primer hijo. No había tiempo que perder, así que Amy y Brian pusieron manos a la obra. Visitaron una docena de casas, pero sólo hicieron una oferta. La casa tenía las cosas más importantes que estaban buscando en ese momento: buenas escuelas, un gran patio trasero y un montón de espacio para su familia que iba creciendo.

En 2013, los Katz completaron el cierre de la compra de su primer hogar y estaban fascinados. Les encantó que su casa tuviera mucho espacio de almacenaje, incluido un ático de fácil acceso, que convirtieron en una oficina durante la pandemia de COVID-19. Por si fuera poco, también descubrieron que su primera compra vale ahora bastante más de lo que pagaron originalmente. La casa ha resultado ser no sólo un gran hogar para ellos, sino también una gran inversión.

Tener casa propia plantea grandiosas posibilidades y una emocionante aventura, y para muchos podría quizás ser uno de los mayores logros. Tener un hogar propio, un lugar para compartir con la familia y los amigos *es* un verdadero logro, tanto en lo personal como en el aspecto financiero. Sin embargo, tener vivienda propia es un concepto relativamente nuevo. Eso es absolutamente cierto. Durante la mayor parte de la historia humana, muy pocas personas eran propietarias de gran cosa (a menos que fuera un rey, en cuyo caso tendría una casa *y* una corona). El concepto de "casa propia" en un suburbio acogedor apareció principalmente en Estados Unidos y en el Reino Unido a partir del siglo XIX. Ciudades como Londres, Nueva York y Boston experimentaron un rápido crecimiento demográfico con el inicio de la Revolución Industrial. Como había poco espacio para alojar a todos los trabajadores, surgieron más y más proyectos de viviendas en las márgenes de las ciudades. No obstante, en su mayor parte esta expansión suburbana se circunscribió a las grandes ciudades.

No fue hasta mediados del decenio de 1900 que una serie de cambios en Estados Unidos sirvieron para allanar el camino para el sueño de ser propietarios de una vivienda. Por primera vez se crearon comunidades planificadas de viviendas asequibles a gran escala. Pensemos en casas unifamiliares al estilo de la serie televisiva *"Déjalo a Beaver"*, con césped recién segado. Un ejemplo famoso es Park Forest, Illinois, ubicado en las afueras de Chicago, y construido en la década de 1940 para acoger el influjo de soldados que regresaban de la Segunda Guerra Mundial. Inicialmente, este sector lo formaban casas de alquiler multifamiliares, pero creció rápidamente e incorporó viviendas unifamiliares, escuelas, tiendas y centros comunitarios. Con un mínimo de tan solo $9,000.00, la gente podía echar raíces.

Con el tiempo, la noción de la "cerca blanca" se convirtió en parte integral del sueño americano. Hasta el día de hoy, muchas personas ven la posesión de su propia vivienda no sólo como un rito de transición a la edad adulta, sino como un gran hito en su vida. ¡Y así debe ser! La propiedad de la vivienda nos proporciona nuestro propio refugio y seguridad, y también se ha convertido en uno de los principales impulsores de la riqueza generacional. Pero la idea de quiénes poseen un hogar, dónde y con quién viven, está en constante evolución. Si bien las parejas casadas siguen siendo el mayor porcentaje de personas que compran casas por primera vez, las personas solteras también se están convirtiendo rápidamente en propietarios de viviendas. Junto a esto, la escasez de hogares unifamiliares asequibles también ha producido distintos patrones en lo que se refiere a la experiencia de tener casa propia, y mucha gente está optando por condominios y casas en serie (tipo *townhouse*).

Veamos el ejemplo de Melissa y Kevin Ankin. En 2016 decidieron que ya era hora de comenzar a buscar su primer hogar en Kingsland, Georgia. Debido al trabajo de Kevin, necesitaban un lugar que estuviera cerca de un aeropuerto, y además que no necesitara reformas y que tuviera un patio para su cachorra, Bella. Después de visitar varios inmuebles, presentaron una oferta de compra de $185,000.00 por una vivienda dúplex con tres dormitorios y dos baños. "Nos encantó la facilidad de mantenimiento, el acceso a la piscina y las cómodas cuotas de la asociación de propietarios", explica Melissa. "Y la subdivisión tenía muchas aceras, lo que era muy importante para nuestra perra".

En el curso de los años, se dieron cuenta de lo bien que funcionaba la casa dúplex para su familia. Melissa trabajaba de forma remota, y convirtió una de las habitaciones en una oficina donde podía trabajar mirando por una ventana panorámica mientras Bella se posaba cómodamente a sus pies. A Melissa también le encantó el diseño de planta abierta, que le permitía estar atenta a su hija jugando con sus peluches mientras estaba en la cocina. Por otro lado, a Kevin le fascinaba lo fácil que era tomar un vuelo a poca distancia en Jacksonville para cumplir sus obligaciones laborales. Era un hogar que se ajustaba tanto a su estilo de vida como a sus necesidades, incluso sin ser una casa tradicional.

Ahora, a medida que se preparan para trasladarse a su segundo hogar, la familia ha sido testigo de primera mano de cómo un hogar que les encanta puede ser a la vez una inversión que aumenta de valor. Su primer hogar salió en venta por $249,900: ¡un aumento de casi $65,000 en tan solo cinco años! Comprar la casa adecuada realmente rinde frutos con el tiempo, y muchas veces esto es cierto incluso si la casa necesita mejoras.

Para Becky y Matt Sirpis, compradores primerizos, trasladarse a Richmond, Virginia, les ofrecía la oportunidad de hacer realidad su sueño de ser propietarios y de añadir sus toques personales al nuevo hogar. Se decidieron por una maravillosa casa de estilo colonial holandés, construida en 1941, con un valor de $350,000.00 porque les encantó todo sobre la casa y vieron el potencial de ampliación. Como dice Becky, "era muy linda, estaba en un excelente vecindario, y tenía el espacio interior y exterior que necesitábamos".

No obstante lo mucho que les gustaba, no pasó mucho tiempo antes de que pusieran manos a la obra para transformarla. Becky y Matt convirtieron la oficina de la primera planta en la habitación principal porque ya tenía un baño completo adjunto. También derribaron la cocina y la renovaron completamente. Para que sus hijos tuvieran su propio espacio de esparcimiento, convirtieron una parte del sótano en la sala de estar familiar. Durante los ocho años que la familia vivió allí, "pintamos cada habitación de la casa en uno u otro momento", dice Becky. Esa visión y el trabajo arduo les ayudaron a rehacer su hogar y convertirlo en uno que se adaptara a su familia, al tiempo que sumaban valor a la propiedad para cuando llegara el momento de mudarse. Pudieron vender la casa por $566,000.00, es decir, ¡un aumento de valor de casi un 40 por ciento!

Puede que su primera casa sea una vivienda tipo dúplex o un típico hogar unifamiliar. Puede que tenga alfombras en tonos multicolores o paredes de tono beige. Puede que sea una casa que requiera una remodelación profunda o una antigua y pintoresca casa de campo, o bien un apartamento moderno y elegante. Aún así, desde el momento en que desempaque sus muebles y comience a colgar fotos, su casa se convierte en un espejo que refleja sus tendencias y su personalidad, sus gustos y aversiones, sus valores y sus sueños. La palabra "decoración" proviene del latín *decorare*, que significa adornar o embellecer. Cuando decoramos nuestros hogares, los adornamos con pedacitos de quienes somos.

Ser dueño de su propia casa puede ser una experiencia maravillosa. Con tiempo y esmero, usted puede transformar su casa y convertirla en algo profundamente suyo. Su casa se convertirá en su paraíso, un lugar donde puede ser genuinamente usted y escapar de la rutina diaria del mundo exterior. En cuanto cierre la puerta, usted está en casa. En su lugar. En su espacio.

En la aventura de la vida hay muchos momentos que son el primero de muchos. El primer día de clases. La primera vez detrás del volante. El primer día en un nuevo trabajo. Decir: "sí, acepto". Tener un hijo. Comprar su primera casa. Todos estos momentos únicos le imprimen un significado especial a la vida mientras usted escribe su propia historia. Su primera casa puede ser el punto de partida de muchos primeros momentos. Es por eso que es tan importante hacerlo bien.

LA PRIMERA CASA DE ALTHEA OSBORN

La casa nos brinda sensación de seguridad y de arraigo, independientemente de lo que suceda en el resto del mundo. La casa en la que crecí, Glazenwood Cottage, la compró mi abuela para mi madre, y estaba a unas 26 millas al sur de Londres. Yo era una niña y vivía en Inglaterra durante el período que suelo llamar los "días de Churchill", en tiempos de la Segunda Guerra Mundial. A pesar de estar en línea directa de ataques aéreos y de vernos obligados a evacuar por un par de meses durante el bombardeo alemán, siempre me sentí segura y cómoda en esa casa. Recuerdo el piano de cola que mi madre tocaba en la sala de estar, la magnolia estrellada que se transformaba en un paraguas de flores en primavera, y el parque donde mi madre y mi cuidadora solían llevarnos a pasear. No teníamos mucho dinero, así que

---

Fotografía de Robert Osborn y su hijo, Richard. Cortesía de la familia Osborn.

mi madre alquilaba una habitación como apartamento de primer nivel a los médicos y enfermeras que habían sido evacuados de Londres para trabajar en nuestro hospital local. Mi madre preparaba el desayuno para todos, incluidos los inquilinos, y comíamos juntos cada mañana.

En 1958 conocí a mi esposo en Alemania, mientras yo trabajaba con el servicio secreto británico y él estaba en el ejército. Nos casamos al año siguiente. Sabíamos que queríamos un hogar propio, pero los primeros años de nuestro matrimonio no nos brindaron muchas oportunidades ya que nos mudábamos con frecuencia y casi siempre vivíamos en barrios militares. De hecho, nos mudamos 20 veces durante los primeros 18 años de nuestro matrimonio. Finalmente tuvimos la oportunidad de comprar una casa a mediados de la década de 1960 cuando nos mudamos al área de Washington, D.C.

Estuvimos buscando casa por un mes y nos alojamos donde unos amigos hasta que encontramos la vivienda adecuada. La casa, de dos pisos, estaba en el 2849 de Maple Lane, sobre un terreno que ocupaba un acre en una tranquila calle de Fairfax, Virginia. La casa era ideal para nosotros: valía $26,500.00 y estaba a solo seis millas del Pentágono, donde trabajaba mi esposo. Estaba cerca de varias escuelas y en un vecindario lleno de niños, y tenía mucho espacio para nuestros hijos crecer y desarrollarse.

Durante mis años como agente inmobiliaria, solía decirles a mis clientes que, si tienen hijos y compran una casa, en realidad la están comprando para ellos. La casa de Maple Lane era justamente así. Mis recuerdos favoritos de esa casa están ligados a mis hijos, y me encantó poder darles la sólida sensación de tener un hogar propio.

Pienso que una tiende a sentir un arraigo mucho mayor cuando tiene un hogar propio. Cuando mi esposo prestaba servicio durante la guerra de Vietnam, surgió el tema de vender la casa. Mi esposo había partido para la guerra, y los niños y yo nos fuimos a vivir con mi madre en Glazenwood Cottage por ese año. Sin embargo, realmente me parecía importante tener nuestra propia casa. Si le sucedía algo a mi esposo, quería tener la certeza de que teníamos un lugar propio a donde volver.

Vivimos durante tres años en la casa del 2849 Maple Lane, y luego de Washington, D.C., vivimos en muchas otras ciudades, pero nos quedamos con esa primera casa y la mantuvimos alquilada hasta que mi esposo se jubiló en 1980. Cuando la vendimos, el valor de la casa había aumentado hasta casi $160,000.00. Hace unos diez años, volvimos a visitar el área y nos dimos cuenta de que estaba valorada en $700,000.00. Cuando pienso en lo que aprendí en esa casa, siempre recordaré que, por ser sus propietarios, nuestra familia llegó a cimentarse como tal, recordaré cómo esa casa nos sirvió para crear recuerdos, y que el hogar es siempre un lugar donde te sientes resguardado del resto del mundo.

Althea Osborn se unió al equipo de Keller Williams en 1983 como una de sus primeras agentes, y ha sido agente de miles de clientes a lo largo de su carrera, con muchos de los cuales sigue en contacto hoy en día.

CAPÍTULO 1

DECIDIRSE A COMPRAR

En El mago de Oz, Dorothy se enfrentó a una bruja malvada; el griego Ulises luchó durante diez años, y tres mascotas valientes se fueron todas en un viaje fascinante hasta llegar a un lugar especial: su casa. Más allá de ser simplemente donde vivimos, nuestra casa es ese lugar feliz donde está nuestro corazón.

Pocas cosas son tan emocionantes como la idea de comprar nuestra primera casa. No obstante, del mismo modo que cuando se aprenden las complejas reglas de un juego de mesa que un amigo trajo una tarde, también puede llegar a ser ligeramente intimidatorio. (En serio, ¿no podríamos simplemente jugar *Monopolio*?). Hay un montón de términos nuevos que aprender, servicios profesionales que nunca antes hemos utilizado, un proceso con el que no estamos familiarizados y documentos legales que parecerían estar escritos en chino... ¡todo esto sin siquiera haber comenzado!

Al momento de iniciar el proceso de compra de su primera casa sucederán muchas cosas. Recuerde que contará con la guía experta necesaria a través de este proceso, y que gracias a esto será más fácil de lo que usted piensa. No obstante, se sentirá más cómodo y confiado si comprende en general cada paso del proceso. Cada capítulo de este libro le presentará el lenguaje, los conceptos y las situaciones que son de esperar en el curso de los diez pasos necesarios para comprar una casa.

En pocas palabras

Durante la lectura de este libro se presentan muchos términos diferentes. Algunos le serán familiares y otros serán nuevos para usted. En general, hacemos todo lo posible por definirlos a lo largo del texto, pero, por si acaso, al final de este libro se incluye un glosario de términos.

Los 10 pasos necesarios para comprar una casa

¡Felicitaciones! Por si aún no lo sabe, usted ya ha dado el primer paso para convertirse en propietario de vivienda: se ha interesado en comprar una casa. En este capítulo le guiaremos a través del proceso de compra y las razones que avalan esta decisión. El siguiente paso es encontrar asesores de confianza que lo guíen a través del proceso. En el capítulo 2 analizaremos cómo elegir un agente inmobiliario que le enseñe a entender el mercado local, lo guíe en su búsqueda, negocie en su nombre y se asegure de no pasar por alto ningún detalle importante. Su agente actuará como intercesor suyo de principio a fin.

Los 10 pasos necesarios para comprar una casa

Una vez que haya encontrado a su agente, ¿sabe cuál es el siguiente paso? Si respondió "procurar los medios de financiamiento", dio en el clavo. En el capítulo 3 se explican los factores que hay que tener presentes al evaluar las distintas opciones de financiación disponibles en el mercado hipotecario actual. Luego de ahí, es hora de comenzar a buscar casa. Pero, al llegar a ese punto, ¿de qué estamos hablando específicamente? El capítulo 4 lo ayudará a prepararse para las preguntas que usted mismo se debe hacer durante esta etapa crítica. ¿La casa tiene un foso? ¿Hay un poste de bomberos por el que se pueda deslizar desde el dormitorio a la cocina? ¿Hay un patio lleno de árboles de chocolate? En cuanto tenga listos sus criterios de búsqueda de casa *totalmente razonables* y una carta de aprobación previa de préstamo, estará listo para buscar y encontrar el hogar adecuado para usted, y le aportaremos estrategias comprobadas para su búsqueda de vivienda. El capítulo 5 contiene consejos sobre cómo usted y su agente se pueden lanzar a la búsqueda de la casa que cumpla sus deseos y necesidades.

El capítulo 6 explica cómo redactar una oferta, además de las estrategias para negociar su contrato y que lo acepten. Sin embargo, las cosas no terminan cuando el vendedor acepta su oferta. En el período que transcurre desde el momento de aprobación del contrato hasta el cierre, usted y su agente harán todas las gestiones y verificaciones de lugar necesarias para confirmar que todo esté en orden y al día con respecto a su hogar desde el punto de vista financiero, legal y estructural. Las orientaciones contenidas en los capítulos 7 y 8 lo ayudarán en ese período crítico, guiándolo a través de las diferentes inspecciones, procesos de calificación y cada paso necesario para que todo transcurra sin contratiempos. En el capítulo 9 ofrecemos consejos para mudarse y cuidar de su hogar, no solo como un lugar para vivir, sino también como un bien que pueda vender más adelante. Por último, el capítulo 10 ofrece consejos sobre inversiones en el hogar, de manera que aumente el valor de su bien inmueble.

Todo esto puede parecer tedioso, pero vale la pena.

"Recuerdo como si fuera ayer cuando mi esposa y yo compramos nuestra primera casa", comenta Jeff Reitzel, corredor inmobiliario en Ontario y cofundador de Keller Mortgage Canada. "Estábamos viviendo en un pequeño apartamento que mi hermano y yo habíamos comprado como inversión antes de comprar esa primera casa. Mi esposa y yo hicimos cita para ver la casa y, cuando llegamos, sentimos mariposas en el estómago. Con torpeza, abrí la caja de seguridad, luego la puerta de entrada, y nos miramos y dijimos: ¡Esta es!" Para los Reitzels, además de ser el hogar adecuado, era un lugar cálido y amoroso para iniciar una familia. "Nuestros dos hijos nacieron en esa casa. Nuestro primer hogar y la experiencia de comprarlo son cosas que recordaremos toda la vida".

Momento de decidir: ¿Estoy listo para comprar?

Comprar una casa es una decisión muy importante, especialmente si se trata de la primera vez. Sin embargo es una de las mejores decisiones que alguien puede tomar. Para comenzar, la sensación de tener casa propia es muy reconfortante. Es un lugar totalmente nuestro que podemos pintar, renovar y en el que podemos vivir toda una vida. Aunque pagar alquiler ofrece algunos de estos beneficios, a la larga, esa casa nunca es *propia*.

En segundo lugar, aunque es cierto que se requiere una gran inversión inicial, la realidad es que las viviendas resultan ser una excelente vía para acumular riqueza generacional. Porque, en definitiva, el hogar no es solo el lugar donde reside el corazón, sino también donde está su dinero. Hay pocos lugares que se valoren tanto como el propio hogar, y no hay otro lugar que aporte más a sus recursos personales.

Muchas personas no comprenden plenamente la importancia de la independencia financiera, o que a través de una vivienda se puede lograr ese objetivo. Ser propietario de una vivienda alberga muchas ventajas, e incluso podría decirse que tener casa propia ayuda a abrir muchas puertas. Por ejemplo, usted puede refinanciar su casa más adelante para disminuir sus pagos o financiar renovaciones o ampliaciones del hogar. O, simplemente, puede vivir felizmente con la mira puesta en saldar su préstamo inmobiliario y reducir sus costos de vida. Además de la sensación liberadora en lo personal, esto le permite despejar sus finanzas e invertir en otros intereses. Tal como lo reitera Tricia Grey, agente de bienes raíces en Tuscaloosa, Alabama, "la mayoría de las personas que adquirieron su primera vivienda pagaban alquiler previamente, es decir que, al convertirse en propietarios, pagan su propia hipoteca y no la de otra persona".

Uno de los mayores beneficios que aporta el tener casa propia es el capital.

Su primer hogar es también una forma de ahorro

En nuestra opinión, el patrimonio neto es una de las medidas más precisas para cuantificar el patrimonio disponible. El **patrimonio neto** no es más que la cantidad de dinero que obtiene al sumar todas las cosas de valor que posee y restarle todo el dinero que debe. Según una encuesta reciente de la Junta de la Reserva Federal de

EE.UU. sobre recursos financieros de los consumidores, los propietarios de viviendas tenían un patrimonio neto promedio de $255,000.00, mientras que el de los inquilinos era apenas de $6,300.00. Esta diferencia radica en gran medida en el **capital acumulado**.

¿Qué es el capital acumulado y cómo contribuye a que la compra de una casa sea una decisión financiera inteligente? El capital acumulado es la parte del valor de su propiedad que usted verdaderamente posee. En pocas palabras, es el dinero que iría directo a su bolsillo después de venderla y terminar de pagar la hipoteca y todos los gastos asociados con la venta.

Hay dos maneras de acumular capital con su propiedad. La primera es pagar su hipoteca. A diferencia de lo que ocurre con otro tipo de compras, al comprar una casa solo se requiere pagar una parte del precio de venta por adelantado. Esto es lo que se denomina **pago inicial**. Para cubrir el resto, usted obtiene un préstamo que acuerda devolver pagando cuotas mensuales durante un período determinado. Este préstamo recibe el nombre de hipoteca porque usted cede su casa en garantía, con lo cual usted, en realidad, ha hipotecado su vivienda. Una parte de estos pagos mensuales de la hipoteca se aplica al **capital** (el monto que usted obtuvo en préstamo originalmente) y la otra parte se destina a cubrir los **intereses** (el costo del préstamo). Con el tiempo, a medida que va saldando el capital del préstamo, usted gradualmente comienza a poseer una parte cada vez mayor del valor de la propiedad. En otras palabras, usted acumula capital.

Descripción de capital (acumulado): saldar su casa

El primer paso para acumular capital es el pago inicial. Después de eso, una porción de sus pagos mensuales va saldando poco a poco lo que usted debe del préstamo. Esto significa que el valor que usted posee de la casa va aumentando. Cuando usted termina de pagar su casa, usted es dueño del valor inicial, más cualquier apreciación de la propiedad.

Día del cierre	**Año 22**	**Año 30**
Comienza la acumulación de capital	Se completa la mitad del pago de la casa	Se completa el pago total de la casa

Figura 1.1

Como se observa en la figura 1.1, muchas personas se sorprenden de que se tarde hasta 22 años para pagar la mitad del capital en una hipoteca a 30 años. Esto se debe a que, en los primeros años de la hipoteca, la mayor parte del pago cubre los intereses. En ese momento, los intereses que usted paga cada mes son directamente proporcionales al monto del capital que usted debe. A medida que sus pagos mensuales van reduciendo el capital, el porcentaje de intereses que paga mensualmente también se reduce. El efecto neto es que, cuanto más se aproxima el final del plazo del préstamo, mayor es la parte de la deuda correspondiente al capital que usted cancela. (Como verá en el capítulo 10, si hace un pago adicional al año puede terminar saldando el capital y el préstamo mucho antes y ahorrar dinero en el proceso.)

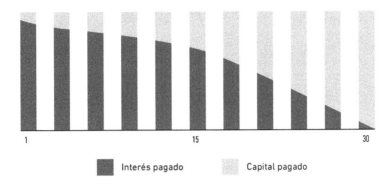

Interés versus capital

1   15   30

■ Interés pagado   ▨ Capital pagado

Figura 1.2

La segunda manera de acumular capital es a través de la **apreciación**. Igual que la mayoría de los productos de consumo, las viviendas tienden a subir de precio con el tiempo. Una taza de café ya no cuesta cinco centavos, y las casas que los soldados de Park Forest compraron por $9,000.00 en los años 50 sin duda valen mucho más que en ese entonces. Conviene tener este punto en cuenta si tiene la impresión de que la apreciación inmobiliaria no aumenta en un momento dado del mercado. El quid del asunto reside en la espera: los mercados siempre cambian y, finalmente, usted valorará la apreciación. Llegado el momento, cuando venda su casa, posiblemente tenga sentimientos encontrados ante el prospecto de una nueva etapa y la emoción de ganar algo de dinero por la venta.

Con buena planificación, su propiedad se puede convertir prácticamente en una cuenta de ahorros que devenga intereses. Usted efectúa depósitos cada vez que emite un cheque para pagar la hipoteca y, en el ínterin, también puede ganar intereses adicionales a medida que aumente el valor de su propiedad con el paso del tiempo. Esa es una de las principales razones por la que los propietarios de vivienda suelen tener un patrimonio neto muchísimo mayor que los inquilinos.

Solo hace falta analizar los últimos 30 años. El valor de la vivienda ha aumentado entre un 3 y un 4 por ciento anual en promedio. Incluso con eventos como la Gran Recesión, el valor de la vivienda ha tenido un aumento constante desde la década de 1970. Aunque un punto porcentual de un solo dígito no parezca gran cosa, no deja de ser sorprendente que apenas poco más de un 4 por ciento produzca ganancias de esa categoría, que corresponden a considerables sumas de dinero. Recordemos a Becky y Matt Sirpis y la casa estilo colonial holandés del año 1941 que obtuvieron por $350,000.00. Apenas ocho años después, la vendieron por $566,000.00, es decir, ¡una apreciación increíble del 40 por ciento!

Interpretación de capital acumulado: apreciación de la propiedad

	Día del cierre	Año 22	Año 30
Precio de compra:	$250,000	$250,000	$250,000
Apreciación (4 %):	$0	$366,179	$560,849
Valor actual de la casa:	$250,000	$616,179	$810,849
Deuda restante:	$200,000	$97,855	$0
Capital acumulado total:	**$50,000**	**$518,324**	**$810,849**

Figura 1.3

La figura 1.3 es un ejemplo que demuestra la ventaja combinada de la acumulación de capital y la amortización de la deuda. Además del doble beneficio de acumular capital mediante los pagos hipotecarios y de la apreciación del inmueble, hay una tercera razón por la cual la compra de una vivienda es una decisión financiera inteligente. El gobierno de Estados Unidos permite una **deducción fiscal** por los intereses pagados por préstamos hipotecarios. La importancia de esta deducción no se puede pasar por alto, sobre todo en los primeros años de una hipoteca, cuando los intereses constituyen gran parte de los pagos mensuales. Por ejemplo, si el pago de su préstamo fuese exactamente igual que su pago de alquiler, sus costos anuales de vivienda (incluidos los impuestos a la propiedad y el seguro) serían equiparables teniendo en cuenta el ahorro que representa este beneficio fiscal. En Canadá, las deducciones fiscales sobre intereses pagados no son iguales, sin embargo, los propietarios de viviendas no tienen que pagar **impuesto a las ganancias de capital** cuando venden su vivienda primaria.

Las razones económicas que justifican la compra de una casa son bastante concretas: la acumulación de capital, la apreciación del inmueble y los ahorros fiscales. Sin embargo, las más de las veces la gente se disuade a sí misma de asumir una de las mejores decisiones financieras de su vida por motivos que, en el fondo, no tienen sentido. Esta resistencia se origina muchas veces en un elemento básico: el miedo.

La idea de intentar algo viene acompañada de una serie de temores, particularmente cuando se trata de dinero. Sin embargo, no hay que *temer*. En esta edición se analizan las preocupaciones más comunes que obstaculizan la transición de inquilino a propietario de las personas que compran una casa por primera vez, así como los criterios reales que lo ayudarán en el proceso de toma de la decisión.

Las personas que viven más plenamente son las que basan sus decisiones en hechos concretos y no en temores.

Temores sobre la compra de su primera casa

1. No puedo permitirme comprar una casa en estos momentos.
2. Debería esperar hasta que mejore el mercado inmobiliario.
3. No tengo dinero para efectuar el pago inicial.
4. No puedo comprar una casa porque no cuento con buen crédito.
5. No tengo los medios para comprar la casa de mis sueños.
6. Debo esperar antes de comprar una casa para estar más seguro de mi situación doméstica en el futuro.
7. Debo pagar mi deuda estudiantil antes de comprar una casa.

Temores y realidades sobre la compra de su primera casa

Cuando se trata del mercado, es razonable suponer que siempre habrá un cierto grado de incertidumbre. En épocas más recientes, tanto las dificultades económicas como las relacionadas con el ámbito de la salud se suman a esa incertidumbre y, por lo tanto, la economía y la forma en que hacemos las cosas, como comprar y vender casas, han cambiado radicalmente. La incertidumbre es estresante y nos lleva a esperar que suceda lo peor.

Ahora bien, también podría suceder lo contrario. Es posible encontrar una buena casa, ya sea que el mercado esté deprimido o esté en alta. Además, es importante recordar que los ciclos del mercado inmobiliario son recurrentes. Los mercados fluctúan. La realidad es que no existe el mercado "perfecto"; solo contamos con el que nos toca al momento de la compra. Es difícil cronometrar el mercado pero, si su capacidad de compra se lo permite, y si puede conservar su vivienda por largo tiempo, entonces ese es el momento adecuado.

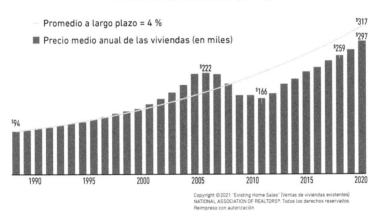

Precios de las viviendas (anual)

Figura 1.4

Los factores a largo plazo hacen que los bienes raíces sean una buena inversión. Todo lo que tiene que hacer ahora (en el corto plazo) es encontrar una propiedad conveniente (acorde con sus necesidades y con la oferta actual) y asegurarse de tener la capacidad económica para conservarla a largo plazo. Tras completar su compra, los beneficios a largo plazo, es decir, la acumulación de capital, la apreciación del inmueble y los beneficios fiscales corroborarán su decisión.

Aunque es bueno mantenerse al tanto de las fluctuaciones y condiciones del mercado local, con el tiempo las propiedades inmobiliarias suelen ser mucho más estables y beneficiosas que otros tipos de inversiones. Con la ayuda de su agente inmobiliario, usted podrá encontrar una casa que cumpla con sus criterios y que sea una adquisición inteligente.

Esperamos que esté listo para despedirse de sus preocupaciones y entrar por la puerta grande de su nuevo hogar, pero si todavía se siente ansioso por la posibilidad de comprar, a continuación señalamos algunos puntos importantes que debe tomar en cuenta:

Temor n.º 1: No puedo permitirme comprar una casa en estos momentos

Realidad: Hasta que no lo calcule, usted no sabe realmente lo que puede y lo que no puede permitirse comprar.

Comprar una casa es una decisión de peso e implica un fuerte compromiso económico. Prácticamente todo gira en torno al dinero, hasta un punto casi abrumador: desde el pago inicial y las inspecciones, hasta calcular **los impuestos sobre la propiedad** e incluso la posibilidad de tener que pagar **un seguro hipotecario privado (PMI, por sus siglas en inglés)**. Casi siempre hay una propiedad que se ajusta a sus posibilidades económicas y que a la vez es una buena compra para usted; lo que resta es determinar cuál y dónde. Cuando se trata de su capacidad de pago, se deben tomar en cuenta varios aspectos.

Para comenzar, si usted está pagando alquiler, es muy probable que pueda comprar una casa. Desde el punto de vista financiero, en Estados Unidos, el ahorro fiscal sobre **los intereses hipotecarios** cubre casi por completo la diferencia entre un alquiler y **el pago de una hipoteca**. Por lo general, las deducciones impositivas que se obtienen al final del año ayudan a ahorrar una buena cantidad de dinero.

Cómo inciden las deducciones de intereses de hipoteca

El pago mensual de hipoteca de Margot es de $1,208. Esto significa que sus pagos totales ascienden a $14,496 anualmente. Sin embargo, un porcentaje de ese pago mensual equivale a intereses, los cuales se pueden deducir de los impuestos en Estados Unidos. Por ejemplo, en el primer año, $11,008 de sus pagos equivalían a intereses. Dependiendo de dónde ella resida y de la categoría tributaria que le corresponda, Margot podría ahorrarse entre $3,000 y $4,000 en impuestos, con lo cual su pago anual al final sería de entre $10,496 y $11,496.

Jacob, amigo de Margot, paga alquiler porque piensa que todavía no tiene los recursos para comprar una casa . Él paga $1,000 de alquiler al mes, que equivalen a $12,000 al año en gastos de vivienda.

A diferencia de Margot, nada de lo que él paga es deducible de impuestos. Esto significa que él paga alrededor de $1,000 a $2,000 más al año y no está acumulando capital

Figura 1.5

¿No lo cree? Perfecto. Usted y yo no nos conocemos. Pero quizás crea en los *números*. Usemos el ejemplo de la figura 1.5. Si Margot tiene una hipoteca con una tasa fija de 4.1 por ciento durante 30 años, y su propiedad más adelante llega a tener un valor de $810,849.00, a lo largo del período del préstamo ella pagaría $434,878.00 de hipoteca e intereses. En comparación, durante esos mismos 30 años, Jacob pagaría más de $797,266.00 en alquiler, suponiendo que su pago mensual aumente un 5 % al año como promedio. La realidad es que probablemente deba pagar mucho más. En los últimos 30 años, el costo de los alquileres ha aumentado considerablemente. Según un estudio realizado por el Centro Conjunto para Estudios de la Vivienda de la Universidad de Harvard (Harvard Joint Center for Housing Studies), "entre julio de 2018 y julio de 2019, la mediana del precio propuesto de alquiler de unidades sin amueblar en un nuevo edificio de apartamento fue de $1,620.00: cerca de un 37 % más que la mediana de unidades terminadas en el año 2000". ¡Esto es una escalada enorme! ¿Cuál es el resultado final? Treinta años más tarde, Jacob habrá gastado casi tres cuartos de millón de dólares o más, y Margot habrá ganado más de medio millón de dólares.

"Sabía que si podía pagar alquiler, tenía la capacidad para comprar", afirma Donna Corbin, una estudiante de 21 años en Las Vegas, Nevada, quien compró su primera casa a través de un programa garantizado por el gobierno libre de pago inicial o anticipo. Si cree que no puede permitirse comprar vivienda, quizás deba hacerse una pregunta distinta: "¿Puedo permitirme seguir pagando alquiler?"

Además, dependiendo de su calificación de crédito, quizás tenga capacidad para pagar más de lo que se imagina. Para obtener las calificaciones de crédito los prestamistas utilizan tres compañías principales: TransUnion, Experian y Equifax. Sin embargo, las calificaciones de crédito utilizadas para los préstamos hipotecarios por lo general no son las mismas que se usan para otros productos, como las tarjetas de crédito. Los prestamistas se valen del puntaje **FICO** 2, 4 y 5, que son calificaciones de crédito específicas para préstamos hipotecarios. (Para obtener más información sobre las calificaciones de crédito, consulte el capítulo 3. En el caso de un residente canadiense, se utiliza lo que se conoce como puntaje BEACON.) Estos puntajes son un reflejo más preciso de su situación crediticia general, y toman en cuenta factores tales como **el índice de relación deuda-ingresos**, es decir, la capacidad de endeudamiento. Si tiene buen crédito, podrá obtener mejores tasas de interés. Esto plantearía la posibilidad de comprar una casa por menos dinero del que usted pagaría por alquiler.

Cómo calcular su índice de relación deuda-ingresos

Calcular su índice de relación deuda-ingresos es rápido y sencillo. Solo tiene que sumar todas sus deudas mensuales: cuentas de tarjeta de crédito, pagos de préstamos estudiantiles, cuotas de automóviles, etc. Después de sumar todo eso, simplemente divida ese número entre su ingreso mensual bruto (es decir, cuánto dinero usted gana antes de impuestos). A modo de ejemplo, digamos que sus deudas mensuales ascienden a $2,500.00. Su ingreso bruto mensual es de $5,000.00 al mes. 2,500/5,000 = 0.5. Multiplique ese número por 100 para obtener su porcentaje. En este caso, su índice de relación deuda-ingresos es del 50 por ciento. Eso significa que la mitad de sus ingresos brutos se consumen en gastos de deuda, lo cual es bastante. La mayoría de los prestamistas prefieren que las personas tengan un índice de relación deuda-ingresos de moderado a bajo por la sencilla razón de que, cuanto más bajo sea, menor será el riesgo de que no puedan pagar su préstamo.

A manera de ejemplo, digamos que su pago de alquiler es de $1,400.00 al mes. Usted decide que quiere comprar una casa y se da cuenta de que, debido a su calificación de crédito de 740, su tasa de interés será de un 3.21 por ciento por una hipoteca a 30 años. Afortunadamente, usted ha podido ahorrar en los últimos años y tiene suficiente para abonar el 20 % de depósito inicial, con lo cual su pago mensual sería $100 menos al mes. En pocas palabras, por menos dinero al mes, usted podría ser dueño de su propia casa.

Más aún, siendo propietario se suma el valor de la estabilidad personal y económica a largo plazo. Aunque el costo inicial para comprar una casa suele ser más elevado, si está planeando permanecer en un mismo lugar por varios años, el capital que acumulará redundará en beneficios económicos. Cuanto antes compre una casa, más pronto comenzará a acumular capital. Además, estará en posición de ventaja ante cualquier apreciación futura si aumenta el valor de mercado de la casa.

Por ejemplo, si compra una casa por un valor de $300,000.00 con un 20 % de inicial y cubre los $240,000.00 restantes con una hipoteca, usted tendría un capital acumulado de $60,000.00 sobre la propiedad. Si el valor de mercado de la casa permanece constante durante los próximos dos años y si se aplican $16,000.00 de los pagos del préstamo al capital, al final de esos dos años usted tendrá cerca de $76,000.00 en capital acumulado en la propiedad.

En resumen, mientras más pronto consiga su casa, más pronto cosechará los beneficios financieros, y mientras más pronto comience seriamente el proceso de compra de su casa, más pronto encontrará la casa que lo haga suspirar.

Temor n.º 2: Debería esperar hasta que mejore el mercado inmobiliario

Realidad: Ningún momento es malo para comprar la casa adecuada

La idea de enfocarse exclusivamente en el mercado es pocas veces favorable a la hora de comprar la vivienda adecuada. Ya sea que "adecuada" se refiera al precio o a la propiedad misma, esperar el momento oportuno rara vez lo beneficia. Tratar de predecir las fluctuaciones del mercado a corto plazo es la manera más fácil de perder su tiempo a largo plazo.

Si no lo cree, solo hace falta que recordemos la Gran Recesión. A partir de 2008, cuando estalló la burbuja en torno al mercado inmobiliario, el producto interno bruto (PIB) disminuyó un 4.5 por ciento y la tasa de desempleo se disparó a casi 9.5 por ciento. Estos años tuvieron un impacto duradero en la economía, la cultura y el mercado inmobiliario en Estados Unidos. Hubo embargos de casas, los estudiantes universitarios recién graduados no encontraban empleo y los fondos de jubilación se desvanecieron. Desde entonces, a la generación de los *millennials*, en particular, se le ha hecho difícil llenar esos vacíos, ya que su tasa de propiedad de vivienda alcanza apenas un 47 por ciento. De acuerdo con los datos del Centro de Políticas de Financiamiento de la Vivienda (Housing Finance Policy Center), el porcentaje de propietarios de vivienda entre los *millennials* de 25 a 34 años es 8 puntos menor que el de los *boomers* a esa edad, y un 8.4 por ciento menor que el de la generación X. Todos seguimos sintiendo el impacto de este abrumador evento financiero.

No obstante, al igual que aquellos que padecieron durante la era de la Gran Depresión, la gente que vivió durante la Gran Recesión se esforzó y pudo aprovechar una era de crecimiento económico. De hecho, inmediatamente después de la Gran Recesión, Estados Unidos entró en el más largo período de alza de precios y prosperidad general desde la Segunda Guerra Mundial. El punto es que incluso las mayores crisis económicas son eventos normales: son parte de los altibajos de la vida. Además, no son para siempre. Por ejemplo, la Gran Recesión comenzó en 2007 y terminó en 2009, es decir, apenas dos años. Baste compararlo con la década de crecimiento y estabilidad financiera que le siguió. Incluso cuando hubo algunos acontecimientos que amenazaron con frenar la economía, como la pandemia de COVID-19, el mercado inmobiliario siguió prosperando y las tasas de interés bajaron a niveles históricos.

La verdad es que siempre hay fluctuaciones en el mercado, obstáculos económicos y transformaciones globales que afectan a cada generación. Aunque las particularidades de esos acontecimientos difieran entre sí, la conclusión general es simple: lo que sube, eventualmente baja y lo que baja, eventualmente sube.

Al final, en realidad hay dos maneras de ganar dinero en bienes raíces: una implica sincronización y la otra, tiempo. Es decir, usted llega justo en el momento preciso para comprar una vivienda antes de que el valor de esta aumente, o se queda con la vivienda por un tiempo suficientemente largo, de modo que la apreciación del inmueble haga valer su inversión. Si lo primero no funciona, puede contar con lo segundo.

Temor n.º 3: No tengo dinero para efectuar el pago inicial

Realidad: Existen varias opciones para completar el pago inicial.

Aunque mucha gente cree que para comprar una casa se requiere un pago inicial sustancial de hasta un 20 por ciento, pocas veces esto es así. Por ser la primera vez que compra una casa, siempre habrá opciones disponibles que requieran un monto mucho menor, incluso de un 5 por ciento o hasta menos. Además, la mayoría de los estados tienen programas de ayuda para el pago del inicial, aportes con los cuales podría completar la compra. En definitiva, si no tiene todo el dinero para el pago inicial, no permita que esto le impida investigar sobre las distintas facilidades para la compra de una casa.

Jaquear la casa *(house-hacking)* también puede ser una opción para adquirir casa propia y que esta sea al mismo tiempo más fácil de costear. El jaqueo de la casa se refiere a la compra de un bien inmueble, ya sea una vivienda unifamiliar o una casa dúplex, y alquilar uno de los dormitorios o unidades. Este ingreso por alquiler se puede aplicar al pago de su hipoteca. El jaqueo de la casa es una buena opción para cubrir el costo de una casa que, de lo contrario, estaría fuera de su alcance, así como una opción viable para facilitar el pago de la hipoteca. (Hay más información sobre este punto en el capítulo 3.) También puede participar en programas de alquiler de casas como Vrbo o Airbnb. Aunque quizás no sea ideal todo el tiempo, también puede completar el pago mensual de su hipoteca alquilando su casa mientras está de vacaciones. Usted merece tiempo libre; deje que su hogar le rinda un poco de dinero adicional mientras descansa. La realidad es que dispone de muchas opciones legítimas y aceptables de financiación. Todo es cuestión de investigar cuál es la más adecuada para usted, sus circunstancias y su bolsillo.

Si se siente indeciso entre si debe o no debe ahorrar durante más tiempo para acumular el completivo de su pago inicial o lanzarse de lleno, recuerde que, mientras más tiempo pase sumido en la duda, estará retrasando por más tiempo las ventajas económicas que aporta el ser propietario. En otras palabras, dejar la compra para después continuamente con la esperanza de que el mercado inmobiliario mejore, o acumular más dinero para el pago inicial podría costarle dinero a la larga.

Temor n.º 4: No puedo comprar una casa porque no tengo buen crédito

Realidad: Una calificación de crédito que esté lejos de ser perfecta no es necesariamente un impedimento para comprar una casa.

Normalmente hay dos situaciones que representan un problema en materia de crédito: tener un mal historial de crédito o no tener absolutamente ningún historial de crédito. Si bien es importante tener una buena calificación de crédito, lo contrario tampoco impide que usted pueda conversar con distintos prestamistas y explorar sus opciones. A lo mejor recibe una grata sorpresa. Un buen agente de préstamos (o especialista en hipotecas) podrá ayudarlo a resolver cualquier dificultad crediticia, a menudo simplemente indicándole cómo gestionar o consolidar sus deudas, o refiriéndolo a un asesor de crédito, quien le planteará un plan. Aunque la implementación de este plan pueda tomarse unos cuantos meses, estas medidas lo ayudarán a enfilarse en la dirección y sentido correctos para adquirir una casa.

Si su problema es que no tiene historial de crédito porque recién ingresó a la fuerza laboral o porque no ha efectuado compras regulares a crédito, también hay otras posibles soluciones que se pueden explorar. Una posibilidad para quienes compran una casa por primera vez es procurar los medios de financiamiento con la ayuda de un cofirmante, ya sea un progenitor o familiar cercano, dispuesto a respaldar su capacidad de cumplir con los pagos. Otra opción sería buscar un prestamista dispuesto a usar formas alternas de historial de pagos, tales como préstamos estudiantiles, alquiler y servicios públicos. Puede que algunos de estos pagos ya estén generando un historial de crédito, dependiendo del lugar y si su arrendador los incluye.

Cabe señalar que la mejor manera de mejorar o establecer su calificación crediticia es tener una hipoteca y efectuar los pagos puntualmente.

Temor n.º 5: No tengo los medios para comprar la casa de mis sueños

Realidad: La mejor forma de llegar a tener la casa de sus sueños es comprando su primera casa

Muy pocas personas tienen los medios para comprar su casa de ensueño cuando compran por primera vez. De hecho, según **la Asociación Nacional de Agentes Inmobiliarios (National Association of Realtors®, NAR)**, el 78 por ciento de quienes compraron una casa por primera vez en Estados Unidos tuvieron que acordar un punto medio y abstenerse de algunas características que querían en su primer hogar. Lo cual de ningún modo quiere decir que sea malo. Por el contrario, este enfoque lo acerca más a la posibilidad de ser dueño del hogar de sus sueños ya que estará acumulando capital.

Gary Keller y su esposa Mary son un excelente ejemplo de cómo esto funciona. Su primera casa les sirvió a modo de "plan de ahorros" para luego comprar la casa de sus sueños en el futuro. Incluso hicieron pagos adicionales al capital cada vez que pudieron y así aceleraron su proceso de acumulación de capital. Esto les permitió pagar su primera casa en unos 16 años, es decir, 14 años antes de lo previsto en su hipoteca original de 30 años si hubieran efectuado pagos mínimos. Todo ese capital financiero estuvo entonces disponible para ayudarles a construir un segundo hogar, o en otras palabras, el hogar de sus sueños.

Temor n.º 6: Debo esperar para estar más seguro de mi situación doméstica en el futuro

Realidad: Para comprar una casa no es necesario esperar hasta casarse, tener pareja o estar listo para tener hijos.

Cuando las personas dicen que quieren esperar hasta que estén en una relación seria para comprar su primer hogar, su verdadero conflicto radica en dos cuestiones particulares: En primer lugar, ¿sería mejor esperar hasta percibir dos ingresos? En segundo lugar, ¿a su futura pareja le gustará su casa?

Sin embargo, vivir en pareja no es siempre lo que la gente quiere, y cada vez hay un número mayor de personas solteras que compran casas. Posponer la decisión de comprar la casa indicada nunca es la mejor solución. Entrar en la tómbola lo antes posible sí lo es. De hecho, la NAR informa que en Estados Unidos el 27 por ciento de quienes compran vivienda por primera vez son solteros. De ese 27 por ciento, el 17 por ciento son mujeres solteras. Si esas personas no esperaron, entonces, ¿por qué debería usted esperar?

Si se plantea vivir en pareja en el futuro, entonces comprar vivienda es también la decisión correcta. Si su futura pareja no se siente a gusto en la casa que usted compró, puede alquilarla o venderla y utilizar las ganancias, junto con su posible doble ingreso, para comprar una casa que a ambos les guste. En cambio, si a su cónyuge le gusta la casa que usted ya tiene, ¡entonces no hay ningún problema!

Temor n.º 7: Debo pagar mi deuda estudiantil antes de comprar una casa

Realidad: Tener deuda estudiantil no es impedimento para comprar una casa.

Muchos de nosotros pasamos una parte de nuestros años de formación adquiriendo sabiduría, conocimientos y algo más: deuda de préstamos estudiantiles. Ahora más que nunca, los préstamos estudiantiles se han convertido en una carga mucho mayor para las personas que compran casa por primera vez. De hecho, según un estudio realizado por la Sociedad de Actuarios, "alrededor del 31 por ciento de los *millennials* tienen préstamos estudiantiles mucho más elevados que las generaciones anteriores". Aquí en Estados Unidos hay aproximadamente 45 millones de prestatarios, y su deuda combinada de préstamos estudiantiles asciende a casi $1.6 billones, en tanto que la deuda promedio por persona ronda los $29,000.00.

Eso es mucha deuda.

Sin embargo, tener deuda estudiantil no es un impedimento para comprar una casa. Hay dos maneras principales en que los préstamos estudiantiles afectarán su hipoteca: el historial de pagos y la relación deuda-ingresos.

El historial de pagos de sus préstamos estudiantiles funciona como cualquier otro historial de pagos: si se atrasa en un pago, su crédito se verá afectado. Si quiere comprar una casa, es importante no incurrir en retrasos o falta de pago de la deuda. Si está teniendo dificultades para pagar, puede cambiar su plan de pago del préstamo. Muchas personas pueden renegociar un plan de pago extendido o, si tienen préstamos federales, solicitar un plan basado en los ingresos. Estas opciones ayudarían a que los pagos de la deuda sean más bajos ahora, y luego aumentarían más adelante cuando usted se haya establecido y comience a ganar más.

Reducir su índice de relación deuda-ingresos toma más tiempo. Si su deseo es tener casa propia y a la vez tiene que reducir esa relación deuda-ingresos, haga un plan. Póngase en contacto con un asesor financiero, separe una parte del dinero de su cheque mensual para efectuar un pago adicional a fin de año, o agregue un poco más al monto de lo que paga cada mes a fin de saldar sus préstamos más agresivamente.

Además, recuerde que, sin importar cuáles sean sus circunstancias, su agente estará encantado de trabajar con usted. Desde preparar visitas guiadas en línea hasta realizar llamadas en conferencia digitales, las empresas inmobiliarias están trabajando a paso redoblado para que los agentes puedan ofrecerle el mejor servicio posible a sus clientes.

Usted no tiene que saberlo todo

Probablemente nunca se haya dado cuenta de que estaba rodeado de tantos "expertos" en bienes raíces hasta que decidió comprar una casa. De repente, su colega le está diciendo por qué **los préstamos de tasa fija** son la única opción viable; su tía abuela Martha, en Palm Beach, Florida, está compartiendo sus consejos secretos para conseguir una buena compra, y su suegro le está enviando por correo electrónico borrosas fotografías de los anuncios de la sección de bienes raíces del *Hometown Chronicle*. Mientras tanto, su motor de búsqueda de Internet le muestra 2,342,209 páginas de opciones, su jefe le está explicando por qué no debe comprar al norte del río, su peluquero le insiste que ni se le ocurra comprar al sur del río y usted está a punto de tirarse al río.

Tranquilo. Aun si no puede detener el aluvión de opiniones y consejos contradictorios, no es necesario estresarse. Como alternativa le ofrecemos nuestra regla número uno, la más importante y posiblemente la más sorprendente para mantener el estrés al mínimo durante el proceso de compra de una casa: usted no tiene que saberlo todo.

Trate de simplificar

Simplificar las cosas significa separar las cosas que tiene que saber de las que son estrictamente opcionales. Lo que tiene que saber en el proceso de compra de vivienda se divide en tres categorías:

1. Conocimiento del proceso de compra de vivienda en sí
2. Conocimiento del mercado local
3. Conocimiento de sus propios criterios personales

De esos tres, el único que tiene que dominar es el último: lo que desea, lo que necesita y lo que su capacidad de compra le permite costear. Este conocimiento resulta necesario para desarrollar una visión clara del hogar que está buscando.

Su agente es quien se ocupará de despejar cualquier duda que usted pueda tener sobre el mercado y el propio proceso. "La compra de una vivienda es una de las compras más importantes que las personas harán en su vida", dice Adam Hergenrother, un agente de Vermont. "Aunque se trata de una experiencia emocionante, el proceso también puede ser abrumador para el que compra por primera vez. Se trata de un proceso que trae consigo muchos altibajos emocionales. Es en este punto donde nuestro equipo entra en acción. Nuestra misión es transformar vidas a través de la adquisición de una vivienda propia. Eso incluye educar a nuestros clientes sobre el mercado y guiarlos mientras disfrutan de la experiencia a lo largo del proceso".

Al momento que usted tenga una visión concreta de lo que desea y un agente que lo guíe, el trabajo de esa persona es ayudarle a delimitar las opciones y enfocarse en las casas que se ajusten a sus necesidades. En cuanto encuentre esa casa especial, el agente también lo guiará a través de todo el proceso que incluye investigar, evaluar, negociar, presentar el contrato de compra, inspeccionar, tasar, hacer un estudio topográfico, renovar, financiar, asegurar y, finalmente, comprar la casa.

Por supuesto, si desea ahondar en los detalles, ¡adelante! Simplemente le recordamos que no hace falta. Es totalmente razonable armar un equipo confiable que se ocupe de las complicaciones.

Los cuatro principios fundamentales del proceso de compra de bienes raíces

Ahora que ha decidido comprar, nos gustaría darle algunos consejos a tener en cuenta durante el proceso de compra. Nos gusta llamar a estos consejos los "cuatro principios fundamentales del proceso de compra de bienes raíces". Sin importar lo mucho o poco que usted decida aprender acerca de los detalles de su transacción, hemos descubierto que estos cuatro principios se aplican a casi todos los aspectos del proceso. En nuestros años de experiencia, hemos identificado algunos errores básicos que suelen cometer los que compradores primerizos. La aplicación de estos principios comprobados lo ayudará a orientarse mejor.

Los cuatro principios del proceso de compra

1. Las reglas de los bienes raíces son siempre locales.
2. Las transacciones ventajosas son aquellas que terminan en una solución beneficiosa para todos.
3. Precio y valor no son la misma cosa.
4. Elija con el corazón y la cabeza.

Principio 1: En el ámbito de los bienes raíces, las reglas siempre son locales

El mercado cambia año tras año y de un vecindario a otro. Si piensa comprar una casa de $250,000.00 en San Antonio, Texas, no necesita consejos basados en la situación del mercado en la época en que sus padres compraron, ni sobre las características del mercado en Detroit, Míchigan, ni de las casas que rondan los $400,000.00 en Windsor, Ontario. ¿En cuanto al consejo de su cuñado para conseguir un bungaló en la zona de la bahía de San Francisco, California? No preste atención. ¿Sobre las reglas sobre el mercado inmobiliario según su primo? Tápese los oídos. O, por lo menos, tómelas con pinza. Todo lo que tiene que saber es lo que hay disponible por $250,000.00 en San Antonio en este momento, ni más ni menos.

Del mismo modo, también recomendamos mantener una actitud escéptica ante ciertos consejos simplistas que quizás haya escuchado; por ejemplo: *ofrezca siempre menos que el precio de lista o no busque por encima de su nivel de precios.* Las máximas y sentencias incuestionables como estas podrían impedirle ver la realidad del mercado que a usted le interesa, una casa específica o sus necesidades personales, e impedirle aprovechar las oportunidades que se le presenten.

En bienes raíces, las prácticas, los procedimientos y las reglas son locales, y varían ampliamente de una provincia a otra, de un estado a otro y de una ciudad a otra. El cierre de una transacción de bienes raíces para su cuñado en California o para su hermana en Quebec quizás sean distintos de la manera en que se haga en el lugar donde usted está comprando su casa. Una de las principales cosas que su agente Inmobiliario hará por usted será enseñarle cómo se manejan las transacciones de bienes raíces en su zona, así como guiarlo paso a paso a lo largo del proceso.

Principio 2: Los mejores negocios son aquellos en los que todos ganan

En bienes raíces todo es negociable, así que no tenga miedo de pedir lo que realmente quiere. Aun así, las negociaciones pueden fracasar si las partes involucradas no se ponen de acuerdo. ¿La solución? Encontrar un resultado que beneficie a todos y que contemple lo que ambas partes necesitan realmente. Por eso es tan importante prepararse antes de cualquier negociación inmobiliaria y saber de antemano en qué estará dispuesto a ceder y en qué no.

Hable con su agente y analice lo que está dispuesto a sacrificar y lo que no. Empezar las negociaciones anticipadamente con una cierta noción de lo que está dispuesto a conceder lo ayudará a prepararse mentalmente para el proceso de hacer concesiones mutuas. Aun así, tenga en cuenta que está trabajando con otras personas que tienen sus propios objetivos.

A la larga, siempre tiene que haber concesiones mutuas. Manténgase firme en los puntos que realmente desea, y ceda en aquellas cosas que la otra persona desea y que para usted no son tan importantes. En el capítulo 6 le mostraremos cómo elaborar una oferta competitiva que se ajuste a la vez a las prioridades del comprador y las necesidades del vendedor. No olvide que "querer es poder". Confíe en sí mismo, confíe en el proceso y confíe en su agente.

Principio 3: Precio y valor no son la misma cosa

La gente se equivoca cuando se concentra en el precio en lugar del valor. Esto se aplica no solo a la casa que piensa comprar, sino también a muchas cosas más. Visto como regla general, pudiera aplicarse a la mayoría de las cosas en la vida. Prestar atención a los costos es de sabios, pero más sabio aún es fijarse en el valor. Normalmente, precio y valor van de la mano y, por ende, casi siempre recibimos algo en función de lo que pagamos. Sin embargo, al considerar una compra, es importante ir más allá de lo superficial, tener en claro lo que realmente queremos y por qué, y estar dispuestos a pagar el precio justo. Solo porque algo es costoso no significa que sea lo mejor. Del mismo modo, solo porque sea barato no significa que sea una ganga.

Y si no, pregúntele a Jen Davis, agente inmobiliaria de Missouri. "Quienes compran casa por primera vez tienen la capacidad de influenciar enormemente su propio futuro financiero. En condición de **agente fiduciario** del cliente, tenemos que asegurarnos de guiarlos en la selección de una casa que conserve su valor en el mercado del mañana. Esto lo hacemos guiándoles en la compra de una casa que puedan alquilar cuando se muden, o bien una casa tan atractiva que siempre sea fácil de vender. Los factores que hacen que esa casa sea atractiva son el precio, la condición y la ubicación. Si nos mantenemos al nivel promedio del mercado o por debajo de este, estaremos en condición de competir en cualquier mercado indistintamente".

En esencia, lo que se busca es una vivienda cuyo valor aumente con ciertas mejoras, no un hogar remodelado y listo para mudarse (como en el canal HGTV). También es importante verificar y asegurarse de que no haya ningún factor que haga que la casa sea descartada por el 50 por ciento de las personas. ¿La casa está cerca del aeropuerto o de una calle excesivamente transitada? ¿El patio es atravesado por cables eléctricos? ¿El patio es contiguo a las vías del tren? ¿La casa está absoluta, total y definitivamente embrujada? Si la respuesta a cualquiera de estas preguntas es sí, quizás esa casa sea una mala inversión.

Como siempre, es importante investigar, considerar todas las opciones y buscar la mejor relación calidad-precio. Usted no compraría un automóvil sin antes saber la marca, el modelo, la calidad o sin considerar cuál de todos los modelos se ajusta mejor a sus necesidades. Cuando se trata de comprar una casa, es importante pensar con el mismo criterio.

Al comprar nuestra primera casa, estamos realizando la que quizás sea una de las mayores compras de nuestras vidas. La ocasión no es la más indicada para escatimar. Ese inspector que cobra la mitad puede ahorrarle $200 el día de hoy, pero si omite un problema estructural, esa omisión podría costarle miles de dólares en el futuro. Debe contar con su prestamista para fijar la mejor tasa y entregar toda la documentación necesaria a tiempo para el cierre. Si un prestamista más barato no cumple a tiempo, su cierre podría retrasarse, podría costarle más dinero, o incluso hacer que usted pierda la casa.

Evítese dificultades, dolores de cabeza o el fracaso de la negociación. Busque valor —y específicamente, integridad, confiabilidad y servicio impecable— en todos los profesionales que contrate.

Principio 4: Elija con el corazón y la cabeza

Cualquiera que sea la propiedad que compre, será su hogar y una importante inversión económica a la vez. Lo deseable sería encontrar una casa que le encante, que encaje con su vida y esté ubicada en el vecindario preciso. También sería deseable que la propiedad sea un buen activo financiero, que tenga solidez estructural y que tenga buenas perspectivas de revalorizarse en el futuro. Encontrar ese lugar perfecto significa lograr un equilibrio entre razón y emoción. Cuando salga a buscar su futura casa, ¡adelante!, déjese guiar por el corazón. Pero, cuando llegue el momento de la compra, trate de distanciarse de la situación y piense con serenidad. Dentro de algunos años, si quisiera vender la casa, agradecerá haberlo hecho.

No hay otro lugar como *su* hogar

Encontrar una casa no es tan sencillo como dar tres golpes de tacón al estilo de Dorothy en El mago de Oz, pero tampoco tiene que parecer una batalla con brujas malvadas y monos voladores. Debe más bien ser una aventura emocionante. Con un equipo de asesores de confianza y unas cuantas estrategias definidas, contará con los conocimientos y la seguridad necesarios para encontrar la casa adecuada para usted, y así, un día no muy lejano, se encontrará allí, en su propia casa. Desempacará las cajas, elegirá las cortinas, jugará con la ubicación de los muebles y enviará fotos a sus amigos. Sentirá la misma satisfacción y emoción que Dorothy sintió cuando regresó de la tierra de Oz: *No hay otro lugar como el hogar.*

LA PRIMERA CASA DE BILL SOTEROFF

Nuestra casa es el centro de nuestro universo. Mis padres sólo tuvieron dos casas durante toda su vida. A estas casas las llamábamos afectuosamente "la casa vieja" y "la casa nueva", a pesar de que hace décadas vendieron la primera para comprar la segunda. Aunque no eran casas grandes, en mi recuerdo la casa vieja es mucho más grande de lo que era en realidad, porque en ella cabían mucha gente, eventos y recuerdos.

Mis recuerdos de infancia giran alrededor de esa casa. El garaje estaba en la parte trasera de la casa, y aunque con el tiempo los automóviles eran cada vez más grandes, el garaje se mantuvo del mismo tamaño. Mi madre se llevó el garaje por delante varias veces y lo destrozó. Mi padre simplemente sacudía la cabeza, llamaba al carpintero y lo hacía reparar. Recuerdo que nuestro barrio estaba repleto de niños con quienes jugar, ya fuera *hockey* en la calle durante el invierno o béisbol y baloncesto en el verano. Cuando caía el sol y se encendían las luces de las calles, nuestra casa se llenaba de niños del barrio. Mi madre nunca le impidió la entrada a ninguno.

Cuando mi esposa, Elisabeth, y yo nos casamos en 1980, nuestro sueño de ser dueños de una casa era muy importante para nosotros. Sabíamos que queríamos formar una familia, pero el apartamento en el que estábamos viviendo no iba a ser lo suficientemente grande para nosotros. Sin embargo, no podíamos comprar una casa. Así que cambié de empleo, comenzamos a ahorrar dinero, y empezamos a buscar un lugar en los suburbios fuera de Toronto.

Al instante de verla, supimos que la casa estilo rancho en una calle sin salida era la casa correcta para nosotros. Aunque para mi significaba un trayecto largo de ida y vuelta a la ciudad, la casa se ajustaba a todas nuestras necesidades y deseos. Tenía un enorme patio trasero cercado, ideal para nuestros futuros hijos, estaba cerca de varios parques, las escuelas estaban cerca y se sentía muy seguro. Cuando abonamos los $30,000.00 de inicial de un precio total de $80,000.00, sabíamos que al dar este paso estábamos más cerca de alcanzar nuestro sueño.

¡Elisabeth y yo estábamos tan orgullosos de ser los dueños de esa casa! Al mudamos allí, estábamos comenzando nuestras vidas juntos. Aprendimos a pintar, empapelar y arreglar cualquier cosa que se rompiera. Recuerdo cuando me iba a la cama de noche y escuchaba el sonido de la máquina de coser mientras Elisabeth hacía nuestras cortinas. La hicimos nuestra y reflejó todas nuestras esperanzas.

Cuando pienso en todo lo aprendido con la compra de una propiedad, comprendo lo importante que fue para mi esposa y para mí fijarnos metas. Cada casa en la que vivimos a lo largo de los años era un objetivo que habíamos fijado y en el que juntos nos esforzamos. Trabajamos duro para alcanzar la meta de comprar nuestra primera casa. Cuando Elisabeth y yo decidimos formar una familia, pusimos la mira en el futuro. Cuatro años más tarde, pudimos vender nuestra primera casa por $150,000.00 y comprar una casa que se ajustara mejor a nuestras necesidades.

A pesar de vivir en cinco países distintos y siete casas diferentes a lo largo de los años, cada casa se convirtió en el centro de nuestro universo y el escenario de muchos recuerdos familiares. No hay duda de que ser dueño de una casa es parte de mi cuento de hadas: mis sueños se han hecho realidad al contar con un lugar agradable que me pertenece, una esposa maravillosa y una familia hermosa.

Bill Soteroff es el presidente de Keller Williams Worldwide.

CAPÍTULO 2

CONTRATAR UN AGENTE

En términos generales durante la mayor parte de la historia humana antigua, si alguien quería una parcela de tierra que ya estaba ocupada por alguien más, tenía que luchar por ella. Así fue como el rey Guillermo llegó a ser dueño de toda Inglaterra en 1066: la conquistó, la declaró de su propiedad y, *¡zas!*, era suya. De hecho, en una época el juicio por combate era una manera bastante común para la gente resolver disputas, ganar argumentos legales e incluso reclamar una parcela de tierra. En Inglaterra, por ejemplo, debido al sistema feudal la tierra era propiedad del monarca ante todo y sobre todo. A partir de ahí, el gobernante podía distribuir sus parcelas de tierra a los señores feudales, quienes a su vez podían darles parcelas de tierra a sus caballeros u otros personajes más humildes. Si se disputaban las tierras, los señores podían desafiarse unos a otros para ser juzgados a partir del combate, y el ganador tomaba el control de la propiedad. (¡Y usted pensaba que competir con ofertas múltiples era estresante!).

Claramente, esto no era particularmente justo para la gran mayoría de las personas involucradas. Además, con el crecimiento de la clase media en Europa y en el continente americano, la noción de propiedad comenzó a extenderse a medida que el feudalismo comenzó a desvanecerse. De esta forma, y a lo largo de los años, en muchas partes del mundo se desarrolló un sistema más equitativo donde las partes dispuestas compraban, comercializaban o vendían propiedades.

El agente inmobiliario: nacimiento de una profesión

Estas tendencias de Europa se extendieron al continente americano con los primeros colonos y a través de las prácticas imperialistas. Los pequeños asentamientos se convirtieron en colonias que luego se expandieron, creando infraestructuras que hicieron aumentar el comercio, y los pequeños pueblos se fueron convirtiendo en ciudades cada vez más grandes. A finales de la década de 1800, con el crecimiento y la expansión hacia el oeste, las leyes y transacciones implicadas en la forma en que la gente compraba propiedades en Estados Unidos se volvieron complicadas, y surgieron los especialistas en bienes raíces. De ahí surgió una nueva profesión.

En 1908, un grupo de profesionales inmobiliarios de todo Estados Unidos se reunió en Chicago para formar la Asociación Nacional de Agentes Inmobiliarios (NAR). Este grupo pronto comenzó a sentar las bases para establecer la manera en que los compradores y vendedores en EE.UU.

realizan negocios hoy día. Comenzaron a estandarizar los contratos, crearon procedimientos abiertos y claros, garantizaron la información precisa y oportuna sobre propiedad, y formularon los requisitos para las licencias de bienes raíces además de un código de ética.

Al tiempo que esto sucedía en EE.UU., en Canadá se desarrollaba un proceso similar. En la década de 1880, un número de especialistas en la costa oeste estableció la primera junta de bienes raíces en Vancouver. Más adelante, los profesionales inmobiliarios establecieron juntas en todo el país para abordar la ética empresarial y los estándares del sector, y fomentar un espíritu de cooperación profesional. De Vancouver a Toronto, los esfuerzos organizados de todo el país culminaron en la formación de la CAREB, la Asociación Canadiense de Juntas de Bienes Raíces. La CAREB pronto implementó la designación de "*Realtor*" (agente inmobiliario) para sus miembros, y finalmente se formalizó la **Asociación Canadiense de Bienes Raíces (CREA)**, con su sede principal en Ottawa.

Los aspectos legales, financieros y normativos de las transacciones inmobiliarias se han vuelto cada vez más complejos con la idea de brindar la mayor protección posible tanto al comprador como al vendedor. Desde las **cláusulas contractuales** y **anexos exigidos** hasta los procedimientos para validar el **título de la propiedad** y las reglamentaciones de alcance federal (tales como la **Ley de Equidad de Vivienda [Fair Housing Act], la Ley de Estadounidenses con Discapacidades [Americans with Disabilities Act]** y la **Ley de Veracidad en los Préstamos [Truth in Lending Act]**), los compradores, vendedores y profesionales que trabajan con ellos están obligados a cumplir estándares cada vez más estrictos.

Hoy en día, el agente tiene la misión de representar al cliente y defender sus intereses durante el proceso de compra. Su trabajo consiste en mucho más que simplemente encontrar el hogar adecuado; se trata también de escuchar sus necesidades, anticipar cualquier problema y mantener los estándares. De hecho, las responsabilidades que su agente inmobiliario debe asumir antes y después de la fase de presentación de viviendas es lo que hace que sea tan valioso tener un agente inmobiliario. Como bien dice el agente David Huffaker, de Nashville, Tennessee, "confíe en el agente para guiarle; ya sea para conseguir contratistas, inspectores, etc., pues son la clave para una transacción más fluida y sin estrés". Desde ayudarle a encontrar el inspector adecuado hasta enviarle su primer regalo de bienvenida a su nuevo hogar, los buenos agentes deben proporcionarle todo lo que pueda necesitar.

"Creo que, en realidad, las personas que compran casa por primera vez están más confundidas que asustadas. Muchas saben sobre diferentes partes del proceso, pero no entienden exactamente cómo encajan cada una de las partes. Muchos han hecho investigaciones y conocen algunos puntos, pero no todo", señala Wendy Papasan, agente de Austin, Texas. A la larga, el trabajo de su agente es trabajar como su defensor y guía, ayudando así a facilitar su experiencia de compra inmobiliaria. El agente deberá ofrecerle cuantos detalles sean necesarios e instruirlo en el proceso de compra y venta.

No cabe duda de que la forma de conducirse cada agente puede diferir de algunas maneras, pero, indiscutiblemente, hay ciertas cualidades que todos los agentes sobresalientes tienen en común. Después de años de investigaciones y entrevistas, hemos descubierto siete responsabilidades distintivas y esenciales que su agente cumplirá a su favor.

Los siete deberes principales de su agente inmobiliario

Ante todo y sobre todo, su agente será su consultor del mercado. Su agente se encargará de informarle sobre el mercado local de las propiedades inmobiliarias y cerciorarse de que usted entienda todo lo que deba saber sobre el proceso de compra en el área donde piensa para comprar. Cuando se trata de elegir al agente adecuado, le recomendamos que busque a alguien que escuche y luego comunique claramente la información de una manera que sea comprensible para usted. Si el agente no se comunica con usted claramente, ¡corra en dirección contraria!

Los siete deberes de su agente de bienes raíces

Su agente le ayudará en todo lo posible, pero sus deberes principales son

1. Informarle detalladamente sobre el mercado que le interesa.
2. Analizar sus deseos y sus necesidades.
3. Orientarlo en la búsqueda de casas que se ajusten a su criterio.
4. Coordinar el trabajo de otros profesionales.
5. Negociar a su favor.
6. Revisar exhaustivamente la documentación y los plazos.
7. Resolver cualquier problema que surja.

Cuando trabaja con personas que compran casa por primera vez, Kymber Lovett-Menkiti, agente de Washington, D.C., entiende que es importante establecer una relación de socios entre ella y el cliente. "Me tomo el tiempo para sentarme con mis clientes al principio del proceso, explicar las complejidades y las distintos participantes involucrados en el proceso, es decir, desde la hipoteca hasta los seguros, los inspectores, los tasadores y el título. Mi deseo es que entiendan el proceso y que sepan que los acompañaré paso por paso durante el proceso. También busco un aspecto clave del proceso para incluir una conversación genuina en lo que se refiere a necesidades y deseos. Lo deseable es identificar un hogar que cumpla sus sueños pero que también se adapte a su estilo de vida, es decir, que incluya lo máximo de lo que desean y puedan obtener por el dinero que pueden gastar".

Después de asesorarlo en términos del mercado, su agente lo ayudará a analizar sus necesidades y deseos, e incluso podrá señalarle cosas que quizás nunca haya considerado. Christine Marchesiello, agente de Saratoga Springs, Nueva York, señala que muchas veces las personas que compran casa por primera vez no están seguras de lo que buscan. "Es difícil saber cuáles serán sus necesidades o lo que en última instancia le gustará o querrá en una casa si nunca antes ha vivido en la suya propia". Después de analizar con su agente lo que desea y luego de considerar sus necesidades particulares, el agente lo guiará en la búsqueda específica de una propiedad que satisfaga todas sus necesidades y la mayor parte posible de sus deseos.

Encontrar esa propiedad correcta puede ser un gran desafío, pero un buen agente conoce la zona y el mercado y le ayudará a encontrar y conseguir ese hogar perfecto. "Nuestro trabajo es educar a los compradores y luego ayudarlos a acceder a la casa y el vecindario en que *quieren* vivir", dice la agente Charlotte Savoy de Ellicott City, Maryland. "Algunos agentes piensan que su trabajo es conseguir que sus clientes obtengan la mejor de las gangas posibles. Creo en realidad que mi trabajo es ayudarles a hacer lo que sea necesario para conseguir la casa que realmente quieren. Nuestro mercado es competitivo y no quiero que nadie pierda una casa que les encante porque no puse de mi parte para ayudarles a ganar en esa competencia".

Su agente no es el único experto cuya asistencia necesitará durante todo el proceso de compra de vivienda. A medida que el proceso avance, otros asesores especializados, como **un oficial de hipotecas** y **un inspector de vivienda**, también le ayudarán a completar su compra. Es importante buscar un agente que, de manera experta, pueda coordinar a todos los profesionales involucrados en la compra de su casa. Cuando elija al agente, hable con las personas que han trabajado con esta persona previamente, obtenga recomendaciones o referencias y hable con otros miembros de su equipo de trabajo. El fin es asegurarse de que su agente esté listo y sea apto para mantener el engranaje funcionando como debe ser.

El equipo de su agente

Su agente está a la cabeza de un gran equipo, coordinando un grupo de profesionales que le ayudarán en su recorrido hasta convertirse en propietario. Algunos de esos actores clave serán:

- Su agente
- El agente del vendedor
- La entidad prestamista (corredor hipotecario en Canadá)
- El tasador
- El inspector
- El contratista
- El coordinador de cierre
- El oficial de plica

Para ayudarle a llevar un registro de las personas que su agente mantiene a su servicio, consulte la página 250 y anote la información de contacto del equipo de personas involucradas en el proceso de su compra de vivienda.

Además de ser un gestor de proyectos cualificado, su agente también es su negociador. Esta responsabilidad comienza desde el momento en que usted hace una oferta y continúa hasta que asuma la posesión de su nueva casa y todo se haya concretado. Como negociador experto, su agente siempre representará sus intereses y presionará para conseguir el mejor acuerdo. "Cada mercado es diferente. Lo que sucede cuando usted hace una oferta puede variar enormemente entre un precio y otro y entre una ciudad y otra. Confíe en su agente para ayudarle a tomar una buena decisión", dice Wendy Papasan. Si las cosas se ponen tensas, su agente hará las veces de mediador entre usted y el vendedor o el agente del vendedor, y procurará permanecer sereno y razonable mientras explora distintas opciones a fin de encontrar una solución beneficiosa para todos. Más a menudo de lo que pudiera pensarse, su agente continuará abogando a su favor incluso después del cierre, y le ayudará a resolver el mantenimiento y las responsabilidades que puedan presentarse después de que usted asuma la propiedad de la vivienda.

A lo largo del proceso de cierre se irán resolviendo un sinnúmero de detalles tras bambalinas. La buena noticia es que su agente comprobará constantemente para verificar que se estén cumpliendo los plazos, que la documentación esté completa, que se entreguen las actualizaciones necesarias y que se completen los pasos importantes. Se puede asegurar casi sin excepción que surgirán problemas. Su agente los evitará cada vez que sea posible anticiparlos y, si son imprevistos, los resolverá. En resumen, su agente inmobiliario asumirá muchos roles distintos.

Busque un agente a través de una buena referencia de un amigo, pariente o colega de confianza, o investigue por su propia cuenta. Sin importar cómo usted contacte a su agente, a ambos convendría que usted le haga algunas preguntas importantes.

Ocho preguntas importantes que hacerle a su agente

Las calificaciones son importantes. Sin embargo, encontrar un agente bueno y profesional significa ir más allá de fijarse en su hoja de vida y en lo que hace que un agente sea eficaz. Utilice las siguientes preguntas como punto de partida:

1. ¿Por qué se convirtió en agente inmobiliario?
2. ¿Por qué debería trabajar con usted?
3. ¿En qué se distingue usted de los otros agentes inmobiliarios?
4. ¿Qué proceso utilizará para ayudarme a encontrar la vivienda adecuada para mis necesidades y deseos particulares?
5. ¿Cuáles son las cosas más comunes que salen mal en una transacción y cómo las manejaría?
6. En su opinión, ¿cuáles son algunos de los errores que la gente hace al comprar su primer hogar?
7. ¿Con qué otros profesionales podemos trabajar y cuáles son sus funciones?
8. ¿Puede proporcionarme referencias o testimonios de clientes anteriores?

Profesionalidad: La cualidad más importante por encima de todo lo demás

Con el proveedor de servicios adecuado, usted se debe sentir seguro y confiado. El agente inmobiliario adecuado para usted entiende esto y asume el servicio como una promesa ante usted y un deber para con la profesión. Este profesional pondrá los intereses de su cliente en primer lugar, no sólo porque es un deber profesional, sino también porque es la manera correcta de tratar a las personas. Y por supuesto, la cordialidad es siempre buena aliada. Los buenos agentes disfrutan de los beneficios a largo plazo del servicio de primera que brindan a través de testimonios y referencias personales.

A la larga, un buen profesional inmobiliario querrá construir una buena relación con usted, independientemente de si usted quiere o no comprar una casa en este momento.

"Hace varios años tuve el placer de entablar amistad con una familia maravillosa. He mantenido el contacto con ellos personalmente y les aconsejé profesionalmente en temas de bienes raíces cada vez que podía ayudarlos. Recientemente, una de sus hijas se comprometió en matrimonio. Aunque todavía no estaban listos para establecerse, nos mantuvimos en contacto", dice Amy Cromer, agente de Kernersville, Carolina del Norte. Mantuvo contacto con la familia durante varios meses. Efectivamente, dos meses después, la familia se puso en contacto con Amy nuevamente, listos para encontrar el hogar perfecto.

"Nuestras relaciones en la vida no se deben a las transacciones de negocio en primer lugar, sino a las personas. Si te ocupas primero de las personas, confiarán en ti para entablar negocios más adelante".

Los buenos agentes ponen a sus clientes en primer lugar y sus cheques de pago en segundo lugar

La agente Elaine Sans Souci, de Phoenix, Arizona, trabajó una vez con una compradora que había quedado incapacitada por un accidente. El accidente limitó gravemente la memoria de la cliente, y los ingresos que percibía a través del seguro de discapacidad apenas cubrían sus gastos mensuales.

"Ella se encontraba en el tipo de situación en que podía lavar la ropa una vez al mes, porque tenía exactamente $1.25 presupuestados para la ropa", explica Elaine. "Cuando la conocí, la compañía hipotecaria me dijo, 'abandona el caso'", pero Elaine no abandonó. Se pasó meses ayudando a esta clienta a organizar sus finanzas y a conseguir un hogar que le ahorrara dinero. Cuando finalmente consiguió una casa y firmó el contrato, la clienta recordó repentinamente algunos gastos recurrentes que ella había olvidado mencionarle a su prestamista. Con esa nueva información, Elaine se dio cuenta de que no había manera de que la mujer pudiera mantenerse al día con los pagos, así que convenció a su clienta de que abandonara la negociación.

"Claro, es difícil tener que perder una comisión, pero no es correcto ver a un cliente meterse en una situación en la que sabes que pasará de mal a peor".

Por suerte esta historia tiene un final feliz: eventualmente, Elaine pudo encontrar una casa que su cliente podía adquirir. Este tipo de enfoque, donde el agente actúa como un verdadero fiduciario y pone las necesidades de su cliente por encima de todo, es la ventaja y beneficio que un buen agente le ofrece. La relación entre usted y su agente no sólo le servirá durante su búsqueda de vivienda, sino también mucho después.

Expectativas

Todos hemos enfrentado situaciones en las que sentimos como si nuestro interlocutor no estuviera escuchando lo que estábamos diciendo. Quizás alguna ocasión en que habló con un vendedor en una tienda o llamó a su representante de servicio del banco o compañía telefónica, y la persona (o el robot) no comprendió lo que estaba preguntando. De hecho, quizás el representante no parecía escucharle con atención y las expectativas del servicio no se cumplieron. Las investigaciones demuestran que, como consumidores, valoramos a aquellos profesionales que escuchan atentamente y son capaces de satisfacer o superar nuestras expectativas. Un buen agente hará precisamente eso.

Cuando usted tiene un agente que realmente le escucha, se desarrolla un diálogo cooperativo que nace del respeto mutuo. Los buenos agentes explicarán exactamente lo que sucederá durante el proceso de compra de vivienda. Esta es también su oportunidad de expresar con alto nivel de detalle y franqueza las expectativas mutuas: pregúntele con qué frecuencia estarán en contacto, con qué frecuencia pueden ver casas y cuántas casas pueden visitar en una tarde. Pregúntele a su agente cómo se comunicará con usted, ya sea por teléfono, texto o correo electrónico, y asegúrese de indicarle lo que prefiere. Pregúntele si otras personas estarán ayudando a su agente y si se pondrán en contacto con usted, para que no se sorprenda cuando lo hagan.

Cuando usted encuentra el agente correcto, ambos estarán asumiendo un compromiso mutuo. Su nuevo agente estará dedicado a responder todas sus preguntas y a obtener lo que usted desea. Usted se comprometerá a compartir honestamente sus impresiones, opiniones e inquietudes, y además se comprometerá a trabajar exclusivamente con esa persona como su agente. Generalmente, esto se establece formalmente a través de **un acuerdo de representación del comprador**. Cuando un agente le pide que firme este acuerdo y usted lo acepta, ambos están de acuerdo en que, por un período de tiempo determinado, solo este agente trabajará a su favor para encontrar casas que se ajusten a sus criterios.

Acuerdo de representación del comprador

Las buenas relaciones se basan en el respeto ante las necesidades, las expectativas y el tiempo de cada una de las partes. Es por eso que a muchos agentes les gusta establecer expectativas mutuas a través de un acuerdo de representación del comprador. Este documento indica que, cualquiera que sea la casa que usted compre, dicha compra se hará con la ayuda de su agente por la duración del acuerdo. También explica cómo se efectuará el pago a los agentes implicados. Tales acuerdos generalmente se pueden rescindir con un par de días de aviso, si bien, en términos generales usted no puede rescindir el acuerdo y luego ir a comprar una casa que su agente le mostró previamente.

Un acuerdo de representación puede ser ventajoso porque le da al agente la seguridad de que el tiempo dedicado a su búsqueda de casa no quedará sin recompensa, lo que a su vez le permite contar con la atención particular del agente. Estos acuerdos también son útiles porque indican las obligaciones precisas que usted puede esperar que su agente cumpla, por lo que, si no se llevan a cabo, puede referirse al acuerdo y solicitar una explicación. En general, un acuerdo de representación del comprador es un compromiso mutuo por escrito que define la relación de trabajo.

De esta forma todos se benefician.

Ciertamente creemos que es importante encontrar el agente de bienes raíces más adecuado para usted (es la pieza clave en su búsqueda para comprar una casa). Encontrar al agente adecuado no es complicado, pero requiere esfuerzo de su parte. Esta es la mejor manera de que su búsqueda de casa arranque con buen pie. Sabiendo que ha puesto el esfuerzo requerido para encontrar un agente que le guste y en el que confíe o, en pocas palabras, alguien que pueda ponerse en sus zapatos, se sentirá más seguro y preparado para recorrer el trayecto que tiene por delante. El tiempo que dedique a encontrar y elegir a su agente le servirá para aprender sobre el proceso de compra de casa, el mercado local, y lo ayudará a prepararse para dar el paso siguiente. Típicamente, el siguiente paso es elegir a un prestamista confiable y conseguir la aprobación previa para una hipoteca que se adapte a sus necesidades, ya sea que tenga una situación holgada o limitada, o esté a medio camino.

Puntos para recordar

- Cuando busque un agente, tenga presente que los buenos agentes ponen a sus clientes primero en todo momento.

- Su agente inmobiliario realizará siete tareas principales:

  - Informarle detalladamente sobre el mercado que le interesa.
  - Analizar sus deseos y sus necesidades.
  - Orientarlo en la búsqueda de casas que se ajusten a su criterio.
  - Coordinar el trabajo de otros profesionales.
  - Negociar a su favor.
  - Revisar exhaustivamente la documentación y los plazos
  - Resolver cualquier problema que surja.

- El acuerdo de representación del comprador define la relación de trabajo entre el comprador y el agente inmobiliario. Implica formalizar un compromiso mutuo por escrito: su agente se compromete a conseguirle lo que usted desea, y usted se compromete a trabajar exclusivamente con su agente.

LA PRIMERA CASA DE DAVE JENKS

Cuando nos mudamos a East Lansing, Michigan, mi esposa, Sherry Dawn, estaba embarazada de nuestro primer hijo. Veintisiete meses más tarde teníamos ya tres hijos, dos nuestros y una niña que adoptamos. Era el año 1969 y mi esposa y yo estábamos viviendo en una residencia estudiantil en el campus de la Universidad Estatal de Míchigan mientras yo estudiaba para obtener un doctorado en consejería psicológica. Yo era el director de la residencia. Con tres niños pequeños y cien niñeros a la mano, ¿quién podría quejarse?

Los estudiantes adoraban a nuestros hijos, pero no había privacidad para una familia joven ni espacio suficiente. No cabía duda que no había manera de que pudiéramos vivir en una residencia estudiantil con tres niños.

Fotografía cortesía de la familia Jenks.

En la búsqueda de nuestra primera casa, fuimos muy prácticos. Mi esposa y yo éramos originarios de zonas rurales en el estado de Nueva York y estábamos familiarizados con la sencilla vida del campo. Necesitábamos una casa que nos resultara económicamente asequible. Encontramos una casa pequeña de una sola planta con dos dormitorios en un barrio antiguo con césped y árboles, y la compramos con un préstamo respaldado por la Administración Federal de Vivienda (FHA) que no requería ningún depósito de pago inicial. Cuando cerramos la puerta de nuestra nueva casa, disfrutamos de completa privacidad por primera vez en nuestras vidas.

Resultó ser una casa maravillosa y acogedora para una familia joven. La casa tenía probablemente de veinticinco a treinta años y necesitaba ciertos arreglos. Compré un libro sobre remodelación y reparaciones en el hogar y le pedí ayuda a un amigo que tenía conocimientos básicos sobre cableado. Nos pusimos manos a la obra y construimos el ático y dos dormitorios más, entre otras mejoras.

Aunque estaba metido hasta el cuello, fue muy divertido rehabilitar mi propia casa y crear una habitación para cada uno de nuestros niños con mis propias manos.

A pesar de ser un trabajo de novato, el resultado resultó suficientemente bueno. Compramos la casa por unos $30,000.00. Un año y medio después, acepté un trabajo a tiempo completo en mi antigua universidad en Albany, Nueva York, y vendimos la casa con ganancia.

Aprendí mucho de esa experiencia. Mi adolescencia se había extendido porque, como estudiante y luego empleado universitario, pasé largos años viviendo en casas universitarias y dormitorios en distintos campus. Comprar esa casa fue dar mi primer paso en la vida adulta. En retrospectiva, veo que esa casa era muy parecida a la casa en la que me crié, incluyendo el ático después de reconstruido.

Creo que, de alguna manera, estaba siguiendo los pasos de mi padre: comprar una casa y, con mis propias manos, convertirla en un hogar del cual nos sintiéramos orgullosos. Allí disfrutamos cada momento, cenando juntos, jugando a la pelota en el césped y departiendo con nuestros vecinos. Me sentí finalmente como un padre de familia y un adulto.

Dave Jenks fue coautor de la primera edición de Su primera casa *y fue vicepresidente de investigación y desarrollo de Keller Williams Realty.*

CAPÍTULO 3

PROCURAR EL FINANCIAMIENTO

Teresa Van Horn, de Madison, Wisconsin, jamás se imaginó que calificaría para una hipoteca. Tras haberse casado muy joven con una persona que, en sus propias palabras, "tenía dificultades financieras", terminó en la quiebra, divorciada y ahogada en deudas, todo esto antes de cumplir 25 años. Aunque pudo mudarse con sus padres y organizarse, se retrasó en el pago de algunas cuentas y estuvo a punto de caer en mora en los pagos de sus préstamos estudiantiles en más de una ocasión. Pensaba que su crédito estaba arruinado para siempre.

Menos de cinco años después, Teresa tenía un trabajo fijo e ingresos estables y saldaba sus deudas con regularidad. Se sentía lista para dejar de alquilar, pero se interponía un obstáculo: su informe de crédito. "Demoré mucho en tener las agallas suficientes para hablar con los prestamistas", expresa. "Pensé que se reirían de mí".

En realidad, fue todo lo contrario. Teresa se llevó la grata sorpresa de saber que reunía los requisitos para obtener un préstamo modesto.

Si bien todo el mundo se emociona ante la idea de ser propietario de una casa, tomar una hipoteca puede llegar a ser sumamente intimidante. Al comprar una casa por primera vez, muchas personas, como Teresa, al principio se sienten confundidas con el proceso o nerviosas ante un compromiso financiero tan grande. Una hipoteca es una gran responsabilidad que amerita ponderarse a fondo, pero también es un privilegio tremendo. Si no pudiera pedir prestado el dinero para comprar la casa, tendría que pagar en efectivo. ¡Imagínese lo que sería ahorrar la totalidad del precio de compra!

En términos generales, usted se irá dando cuenta de que los préstamos hipotecarios son menos complicados de lo que pensaba. Las opciones de préstamos disponibles en el mercado son prácticamente los mismos tipos principales de préstamos con algunas variaciones. En este capítulo, le explicaremos lo fundamental: qué es un préstamo hipotecario, cómo buscar un prestamista, qué factores debe considerar al escoger cómo financiar su hipoteca (ya sea a través de "financiación creativa" o tradicional) y mucho más. Le daremos las herramientas que necesita para entablar cualquier conversación sobre hipotecas con una clara comprensión de sus necesidades. Puede contar con eso.

Exactamente, ¿qué es una hipoteca?

En su sentido más elemental, un préstamo hipotecario es pedir dinero prestado (préstamo) y usar una propiedad como garantía (hipoteca). Con el préstamo hipotecario, el prestamista retiene titularidad sobre el inmueble hasta la cancelación del préstamo. En inglés, la palabra *mortgage* (hipoteca) proviene del francés y significa "promesa de muerte", porque la promesa "moría" al completarse el pago del préstamo o si el prestamista ejecutaba por falta de pago. Como comprador, usted puede obtener su préstamo hipotecario a través de un banco hipotecario, un corredor hipotecario, una asociación de ahorros y préstamos, una cooperativa de crédito o de un banco. Fuera del sector hipotecario tradicional, usted puede obtener parte o la totalidad del financiamiento a través de personas particulares, incluso del vendedor de la propiedad. El financiamiento a través de estas fuentes privadas a menudo recibe el nombre de "financiación creativa", tema que abordaremos más adelante en este capítulo.

"Me aseguro por todos los medios de que la persona pueda obtener financiamiento antes de hacer la oferta", señala Jeff Reitzel. "No me importa la negociación en sí misma, ni el vendedor, si estoy trabajando para un comprador. Mi preocupación siempre se centra en el comprador. Imagínese la desilusión si le aceptan una oferta de compra y usted piensa que se va a estar mudando a la casa con su familia, para que luego esos planes se vengan abajo porque no puede obtener financiamiento. Sería devastador".

Pero antes de llegar a ver esas casas y hacer ofertas y todo eso, debe saber con quién va a obtener su hipoteca y los tipos de hipotecas disponibles.

Hipotecas: Conceptos básicos

Las opciones de préstamos hipotecarios son ahora más variadas que nunca, pero no deje que las diferentes opciones lo confundan. Las diferencias entre cada tipo de préstamo hipotecario se reducen a cuatro factores básicos:

1. Depósito inicial
2. Tasas de interés
3. Plazo
4. Tasa fija o tasa variable

Depósito inicial

Un pago inicial es el que usted realiza inicialmente para la compra de la casa. Se calcula como un porcentaje del costo total de la casa. Históricamente, a los compradores se les pedía un inicial de un 20 por ciento.

Por lo tanto, si usted iba a comprar una casa por un valor de $200,000.00 y tenía que aportar un pago inicial tradicional, hubiera tenido que aportar $40,000.00. De todos modos, no se deje intimidar por ese número. Actualmente, los compradores pueden conseguir propiedades con un porcentaje de inicial mucho más bajo. De hecho, hay un número de programas concebidos específicamente para las personas que compran casa por primera vez, que permiten a los prestatarios aportar de un 3 a un 5 por ciento en el inicial de una casa.

Aunque es cierto que estos nuevos pagos iniciales más bajos pueden ser una gran opción para muchos nuevos compradores, aportar ese 20 por ciento también tiene sus ventajas. En nuestra opinión, esto suele ayudar a conseguir la mejor tasa de interés. En general, cuanto más pone de inicial, mejores serán las tasas de interés que habrá de conseguir. Además, cuanto más aporte de inicial, menos tendrá que pedir prestado. Eso significa un pago mensual más bajo, así como pagar menos interés durante la vigencia del préstamo. El 20 por ciento de inicial también lo libera del pago del **seguro hipotecario privado**, (conocido como **PMI**, por sus siglas en inglés) en Estados Unidos y Canadá, que los prestamistas exigen a los compradores que toman un porcentaje mayor en préstamo. En Canadá, el seguro hipotecario es obligatorio para cualquier préstamo con un pago inicial de entre el 5 y el 19 por ciento. Hay tres proveedores principales en Canadá: Canada Mortgage and Housing Corporation [Corporación Canadiense de Hipotecas y Vivienda o CMHC, por sus siglas en inglés], Genworth Financial y Canada Guaranty. En Estados Unidos, los prestatarios tienen que pagar un cargo mensual por el seguro hipotecario privado, pero en Canadá se agrega un seguro hipotecario del prestatario al monto del capital del préstamo.

El seguro hipotecario privado es básicamente un cargo de protección del prestamista que lo protege contra pérdidas si un prestatario no cumple con el pago de un préstamo con pago inicial menor. Si bien aumenta su pago mensual (y no es deducible de impuestos), puede ser una buena opción para un prestatario que cuente con menos dinero en efectivo para aportar al pago inicial. Al cabo de unos años, cuando alcance el 20% de patrimonio neto de su vivienda (mediante una combinación de su pago inicial y sus pagos mensuales al capital), podrá pedir que le cancelen la póliza del seguro hipotecario privado. Muchos propietarios no saben esto y siguen pagando el seguro hipotecario privado innecesariamente. Esté pendiente de su seguro hipotecario privado y tome la iniciativa para que se lo cancelen cuando su patrimonio neto sea del 20 por ciento. Aunque con la mayoría de las hipotecas convencionales el seguro hipotecario privado queda automáticamente cancelado cuando se alcanza el umbral del 22 por ciento, conviene llevar el control por sí mismo y salirse del seguro hipotecario privado lo más rápidamente posible. Recuerde, hay dos vías para acumular el 20 por ciento. Usted puede amortizar la deuda, y el valor de su casa puede aumentar. En otro capítulo más adelante veremos cuáles son las mejores renovaciones para aumentar el valor de la propiedad.

Sin dudas, pagar el 20 por ciento de inicial de una casa es una decisión financiera acertada. Tener un buena porción de capital en su propiedad desde el primer día lo protege de cambios imprevistos en el mercado inmobiliario y ayuda a sentar las bases de la seguridad económica para el futuro. Si se decide por otra opción, nuestra recomendación es que contemple la idea de hacer inversiones adicionales en su casa para aumentar el valor, o amortizar la deuda para evitar el seguro hipotecario privado y así poder reducir sus costos mensuales.

Tasas de interés

Entender y obtener las mejores tasas de interés es una parte significativamente importante del proceso de préstamo. Una tasa de interés es una tarifa o cargo cobrado por un prestamista que, por lo general, es un porcentaje del monto del préstamo. Las tasas de interés se aplican al comprar automóviles o cuando utilizamos crédito para una compra. Al igual que las tasas de las tarjetas de crédito, las tasas de interés de los préstamos para vivienda son variables, es decir, cambian con el mercado. Como ejemplo, en las décadas de 1970 y de 1980, las tasas de interés de las hipotecas llegaron a elevarse hasta el 15 por ciento. Sin embargo, durante la última década, la mayoría de las tasas de interés han sido inferiores al 10 por ciento. En 2020, las tasas de interés llegaron a niveles históricamente bajos: ¡menos de un 3 por ciento!

En general, la gente quiere la tasa de interés más baja posible porque eso significa pagar menos dinero en intereses durante la vigencia del préstamo. Además de ahorrarle enormemente a lo largo del préstamo, una tasa más baja también reducirá el monto de la cuota mensual. El ejemplo de la figura 3.1 muestra que para un pago mensual de $1,200.00, una tasa de interés del 4 por ciento le permitiría comprar una casa con un valor de $100,000.00 más que la casa que podría obtener con una tasa de interés del 8 por ciento.

Las tasas de interés inciden sobre el tipo de propiedad que puede comprar

Si puede pagar una hipoteca de $1,200 mensuales (sin incluir impuestos y seguro), una tasa de interés baja le permitiría pagar una propiedad más costosa. La tasa también determinará la cantidad de intereses que pagará durante la vigencia del préstamo.

Monto del préstamo	Tasa de interés	Pago mensual de capital e interés	Total de intereses pagados en 30 años
$150,000	8%	$1,200	$282,000
$200,000	6%	$1,200	$232,000
$250,000	4%	$1,200	$182,000

Figura 3.1

A veces las personas posponen la compra de una casa pensando que el mercado o la tasa de interés bajarán. Lo instamos a seguir adelante con la compra de su primera casa y olvidarse del mercado actual. Por un lado, es posible que las tasas aumenten en lugar de disminuir y que esa oportunidad única que ha estado esperando se le escape. Por otro, si las tasas mejoran y dependiendo de su situación, quizás más adelante pueda conseguir una buena tasa al negociar un refinanciamiento de su casa. A modo de ejemplo, después de las altas tasas de interés hipotecario de los años 80 (de un 12 a un 18 por ciento), hubo un período de refinanciamiento hipotecario masivo cuando las tasas cayeron por debajo del 8 por ciento en la década de 1990.

Consideraciones sobre refinanciamiento

Con el tiempo, a medida que el valor de su casa aumenta (apreciación), el monto que usted pidió prestado (capital) se volverá un porcentaje cada vez menor del valor real de la propiedad

Si decide refinanciar, el nuevo prestamista calculará el monto del nuevo préstamo en virtud del nuevo valor de tasación de su casa. Por lo tanto, la relación préstamo-valor (LTV, por sus siglas en inglés) ahora podría ser igual o menor al umbral del 80 por ciento y usted no necesitará pagar un seguro hipotecario privado sobre este nuevo préstamo.

Sin embargo, como en todo, el refinanciamiento tiene sus ventajas y desventajas. Aunque puede que ayude a reducir su pago mensual, dependiendo del momento en relación con la vigencia de su préstamo, a la larga podría costarle más en intereses. Recuerde que, en esencia, se trata de un nuevo préstamo. Si tiene ya 20 años pagando su hipoteca de 30 años y decide refinanciar, en realidad está obteniendo una nueva hipoteca de 30 años.

Cuando solicite un préstamo hipotecario, queremos que considere los tres factores que determinan su tasa de interés. Primeramente, las tasas de interés están supeditadas a la política fiscal del gobierno federal. El segundo factor es su historial crediticio; la mayoría de las personas no podrá mejorarlo mucho en el corto plazo. El tercer factor es el que mejor puede controlar: el tipo de hipoteca que elija.

El primer factor, la tasa de interés, opera fuera de su control. Se trata simplemente de una condición del mercado financiero del momento. En dado caso, lo mejor que puede hacer es buscar la mejor tasa de interés hipotecario disponible. El segundo factor, su capacidad de crédito, es muy importante. Establecer y mantener su calificación crediticia es fundamental para lograr tener acceso a la mejor tasa de interés posible. Algunas personas cuyo crédito todavía está en proceso de mejorar podrían de todos modos reunir los requisitos para obtener un préstamo, aunque es probable que su tasa de interés sea más alta que el promedio. Si es este su caso, tiene dos opciones: aceptar la tasa y tratar de mejorar su calificación y más adelante negociar un refinanciamiento más favorable del préstamo, o mejorar su crédito antes de comprar una casa. Un buen prestamista puede ponerlo en contacto con un asesor de crédito que lo ayude a mejorar su calificación de crédito de la manera más conveniente.

Si su calificación resulta baja, revise enseguida el informe para detectar errores. Los errores son mucho más comunes de lo que se piensa y muchos se pueden corregir en unos pocos meses. En caso de que sea así, lo preferible sería dedicarse a mejorar su crédito antes de comenzar a buscar una casa seriamente. De igual modo, es importante tener en cuenta que hay algunos imprevistos que se pueden "colar" en su informe de crédito, por ejemplo, si usted compró algo costoso recientemente o si tomó otro préstamo. Por lo tanto, más allá de lo emocionado que se sienta con todas las compras nuevas que vienen junto con la nueva casa, como muebles nuevos o cubertería, no se deshaga del dinero en efectivo en gastos onerosos hasta *después de* cerrar y completar la venta. Si cambia de empleo, su índice de relación deuda-ingresos se alterará y también puede afectar o alterar su puntuación.

El tercer factor que afectará su tasa de interés es el tipo de hipoteca que usted elija. Las hipotecas normalmente se dividen en dos categorías: de tasa fija y de tasa variable. (Hay más detalles al respecto más adelante.) Cada una tiene diferentes tipos de interés que pueden cambiar con el tiempo.

Plazo

El plazo de un préstamo hipotecario determinará la cantidad de intereses que pagará a lo largo del préstamo y la rapidez con la que acumulará capital a medida que vaya cancelando el préstamo. Como se ha visto, cada tipo de hipoteca viene acompañada de un cronograma de pago. En el caso de las hipotecas con tasa fija, el cronograma de pago de los préstamos se extiende por un largo período, que puede ser de quince, de veinte o de treinta años.

Los préstamos a corto plazo son buenos para las personas que quieren acumular capital rápidamente y que pueden permitirse una cuota mensual más alta. Esto reduce radicalmente el importe de los intereses que usted paga a lo largo del plazo del préstamo por dos razones: primeramente, los intereses se capitalizan a lo largo de quince años en vez de treinta, y en segundo lugar, los préstamos a plazos menores suelen ofrecer una tasa de interés más baja. El pago mensual por un préstamo a quince años será más alto que si fuera un préstamo a treinta años, pero la diferencia entre uno y otro es menor de lo que quizás se imagina.

Haga el cálculo: elija el tipo de hipoteca que más le convenga

	A 15 años	A 30 años	A 30 años con pagos adicionales mensuales de $200 abonados al capital
Monto del préstamo	$230,000	$230,000	$230,000
Tasa de interés	4%	4%	4%
Pago mensual	$1,701.28	$1,098.06	$1,298.06
Intereses pagados durante la vigencia del préstamo	$76,230.80	$165,299.86	$118,379.07
Comparación	Una hipoteca a 15 años requiere un pago mensual más alto, pero reduce radicalmente el monto que usted paga durante la vigencia del préstamo. Además, este tipo de hipotecas normalmente tienen una tasa de interés más baja.	El plazo a 30 años es el más común en el sector. Ofrece pagos mensuales razonables y un plazo razonable para cancelar el préstamo.	Hacer pagos voluntarios por adelantado para una hipoteca a 30 años básicamente la convierte en una hipoteca a 20 años, a la vez que le permite la flexibilidad de eliminar el monto del pago adicional, en caso de necesidad.

Figura 3.2

Aun así, muchos compradores atraídos por la idea de acumular capital con rapidez podrían de todos modos sentirse aprehensivos ante el compromiso de afrontar el pago mensual más alto que acarrea una hipoteca con un plazo menor. Queremos que sepa que puede obtener resultados similares con una hipoteca a treinta años y realizando pagos adicionales al capital todos los meses. Los pagos por adelantado voluntarios le permiten reducir el capital de su préstamo más rápido. Además, le ofrecen mayor flexibilidad en caso de tener que afrontar una emergencia económica, puesto que le permiten la opción de no pagar la cantidad adicional en ese mes particular. Con el tiempo ese pago adicional tiene un gran impacto positivo.

Tasa fija y tasa variable

Cuando se trata de hipotecas, en Estados Unidos tenemos un par de opciones distintas, pero en su mayoría caen bajo dos categorías: **tasa fija** y **tasa variable**. Hay algunos tipos de préstamos híbridos, pero, la mayoría de las veces, los préstamos se dividen en esas dos categorías.

Las hipotecas de tasa fija son, como su nombre indica, hipotecas en las que la tasa de interés que usted paga está asegurada o fija: la tasa que se le da en el momento en que usted toma el préstamo será la misma tasa de interés durante el plazo de su hipoteca. (A menos que decida refinanciar.) Por lo tanto, si las tasas de interés suben, pero usted logró fijar su tasa en un 4 por ciento, solo tiene que pagar esa tasa de interés del 4 por ciento. Aunque el plazo de un préstamo puede variar, los dos más comunes en Estados Unidos son las hipotecas con plazo a 30 años y a 15 años. (En Canadá, el préstamo hipotecario de tasa fija más común dura cinco años, seguido de 25 años de tasas variables. Para obtener una hipoteca con tasa fija a 30 años, es necesario aportar un pago inicial de un 20 por ciento.) En otras palabras, usted tiene la opción de pagar su hipoteca durante un período de 15 o de 30 años. Si elige una hipoteca a 15 años, pagará más por mes, pero por un período de tiempo más corto. Una hipoteca a 30 años implica un pago mensual más bajo a lo largo de un período más largo, que también significa pagar más intereses durante la vigencia del préstamo.

Las hipotecas con tasa de interés ajustable (conocidas como ARM, por sus siglas en inglés), tienen tasas de interés que fluctúan (o se ajustan) durante la vigencia del préstamo. A diferencia de las hipotecas con tasa fija, cualquiera que sea el tipo de interés que usted consiga en el momento de comenzar el préstamo es sólo provisional. Generalmente, la tasa de inicio de las hipotecas con tasas de interés ajustable es increíblemente baja. Luego, lentamente, dependiendo del índice de los tipos de interés, su tasa de interés puede aumentar si las tasas están en el aumento. Afortunadamente, hay ciertas maneras de evitar que estas hipotecas cuesten un ojo de la cara. Algunos préstamos tienen un tope máximo que limita cuánto puede aumentar la tasa de interés durante la vigencia del préstamo, y límites periódicos que impiden que la tasa aumente demasiado rápidamente. De hecho, las hipotecas con tasa ajustable (o hipotecas con tasas de interés variable, o VRM, por sus siglas en inglés) son uno de los tipos de hipotecas más comunes en Canadá; durante los primeros años la tasa es fija, pero es reevaluada más adelante.

Además de los préstamos con tasa fija y tasa ajustable, están los préstamos híbridos. Normalmente, este tipo de préstamo combina los beneficios iniciales de un préstamo a tasa fija junto con los términos limitados de una hipoteca con tasa ajustable. Estos tipos de préstamos pueden ser útiles para aquellos compradores que de antemano saben que no permanecerán en una casa por siempre, pero aun así quisieran aprovechar las bajas tasas de una hipoteca con tasa ajustable, junto con la seguridad de un préstamo con una tasa fija. De esa manera, estos compradores obtienen la ventaja de hacer pagos fijos por un período preestablecido antes de que las tasas de interés comiencen a aumentar.

Los siete pasos para financiar una casa

Ahora que ya sabemos lo que *es* una hipoteca, es tiempo de indagar cómo buscarla, encontrarla y financiar su nueva casa. Hemos dividido todo el proceso de financiación en siete pasos básicos.

Los siete pasos necesarios para financiar una casa

1. Definir su presupuesto.
2. Elegir la entidad de préstamos adecuada.
3. Solicitar el préstamo y la aprobación.
4. Decidir entre sus opciones de hipoteca.
5. Entregar un contrato de aceptación de compra al prestamista.
6. Obtener una tasación y el título.
7. Obtener los fondos para el cierre.

Veamos cada uno de los siete pasos. Así, una vez llegado el momento de hacer una oferta, tendrá todo listo para avanzar el proceso.

1. Determine su presupuesto (el principio de la maleta)

Imagine que está haciendo las maletas para irse de vacaciones. Saca la maleta y comienza a llenarla con camisetas y pantalones cortos, el cepillo de dientes y el traje de baño y un conjunto apropiado para una cena formal. Empaca todo lo que va a necesitar para tener unas vacaciones bien divertidas, sin embargo, probablemente no llenará tanto la maleta como para tener que sentarse encima para cerrarla. Sabe que una vez que llegue a su lugar de destino, es muy probable que encuentre cosas que quiera traer de regreso a casa, así que deja espacio para lo que se le ocurra.

El principio de la maleta también se aplica a las hipotecas. Cuando obtenga la carta de aprobación previa, asegúrese de que el pago mensual tenga un monto que usted considere posible pagar cada mes. Los prestamistas son cuidadosos, pero toman decisiones sobre su aptitud basándose en promedios y fórmulas, sin entender los matices de su estilo de vida y de sus patrones de gasto de la misma manera que usted los entiende. Así que deje un poco de espacio en su valija para lo inesperado. Su nueva casa le dará multitud de oportunidades para gastar dinero, desde amueblar el dormitorio de huéspedes hasta arreglar el jardín, si su nueva casa tiene césped. "No querrá estar tan corto de dinero que no pueda salir a comprar ni unos plantines de flores", comenta Mary Anne Collins, una agente de California. "Deseará poder comprar las cosas que hacen que una casa se transforme en un hogar. Si alcanza el tope de lo que un originador de préstamos le indica que usted puede permitirse pagar, probablemente no pueda hacerlo".

Como regla general, recomendamos que no gaste más de un tercio de sus ingresos brutos mensuales en los pagos de su primera casa. Históricamente, los bancos usaban una relación llamada 28/36 para decidir el monto que pueden pedir prestado los compradores. El pago aprobado para la propiedad no debería superar el 28 por ciento de los ingresos brutos mensuales del comprador, y su carga total de la deuda (incluidos los pagos del vehículo, los préstamos estudiantiles y los pagos de las tarjetas de crédito) no debería superar el 36 por ciento de sus ingresos. Sin importar cuán costoso sea su mercado, lo instamos a que piense detenidamente antes de estirar su presupuesto personal al extremo.

Para decidir cuánto puede permitirse pagar debe prestar atención a cuánto podría cambiar su perfil financiero en los próximos años. Si tiene pensado incurrir en nuevos gastos —por ejemplo, si planea formar una familia— quizás sea mejor reducir el presupuesto. Por otra parte, si está a punto de recibir un ascenso importante, hacer el último pago del vehículo o si va a cambiar a su hijo de una guardería privada a un centro escolar público, quizás podría pagar un poco más. A la larga, su tranquilidad y seguridad económica son lo más importante.

La importancia de la aprobación previa

Le recomendamos que consiga la aprobación previa lo antes posible, incluso antes de empezar a mirar casas. Esto le confirma a usted y al vendedor que usted puede costear la propiedad que desea comprar, y si el vendedor recibe múltiples ofertas a la vez, su situación puede ser muy distinta. En las encuestas, muchos compradores de una primera vivienda admiten que lo más importante que deberían haber hecho fue obtener primero la aprobación previa. Su agente inmobiliario se asegurará de que no lo deje para después.

Muchos agentes de crédito creen que la aprobación previa se ha vuelto aún más crucial debido a los rápidos cambios ocasionales en el sector hipotecario. Para ahorrar tiempo y energía, muchos sugieren que los compradores hablen con un agente de préstamos antes de visitar casas; de esa manera usted sabrá exactamente lo que puede costear antes de entusiasmarse con una vivienda particular.

Su pago mensual

Un aspecto importante para entender lo que usted puede y no puede permitirse en términos económicos es entender los matices de su pago mensual. Si calcula el costo de una casa y divide ese monto entre el tiempo que dura el préstamo, aparenta ser un pago mensual fácil. La realidad es que hay un número de factores que inciden en lo que terminará siendo su verdadero pago mensual, tanto por adelantado como durante la vigencia de su préstamo.

La mayor parte de su pago mensual será destinada a cancelar el capital y los intereses de la hipoteca (que se va amortizando). **La amortización** es el proceso mediante el cual su prestamista calcula todos los intereses que pagará a lo largo del préstamo, más el monto que está pidiendo en préstamo, y divide ese resultado entre la cantidad total de pagos que usted hará (por ejemplo, un préstamo a treinta años significa 360 pagos mensuales). Cabe resaltar que, aunque cada pago mensual de capital y de intereses será exactamente el mismo (si su préstamo es a 30 años con tasa de interés fija), la proporción de capital e intereses en cada pago irá variando con el paso del tiempo. Al principio, la mayor parte de cada pago se destinará a los intereses; posteriormente, una parte cada vez mayor de cada pago se destinará a cancelar el capital (el monto que usted en efecto tomó prestado) y de este modo acelerará la acumulación de capital.

Amortización: ¿de qué se trata?

Monto del préstamo:	$240,000
Tasa de interés:	4.1 %
Intereses devengados en 30 años:	$177,483.39
Capital total más intereses:	$417,483.39
Dividido en 360 pagos mensuales:	$1,159.68
Pago anual:	$13,916

Además del capital y los intereses, cada mes probablemente pagará parte de la **prima anual de seguro** sobre la vivienda y los impuestos inmobiliarios; este monto irá cambiando cada año y modificará el monto de su pago mensual.

Impuestos a la propiedad

Los impuestos a la propiedad son un factor importante que considerar a la hora de comprar una casa. Los impuestos a la propiedad varían de un estado a otro y de una ciudad a otra. Cada año, los gobiernos locales evalúan el valor de su propiedad, incluyendo su casa y el terreno que ocupa. Mientras que para algunas personas los impuestos a la propiedad pueden ser mínimos, para otras pueden ser increíblemente altos.

De hecho, en muchas ciudades alrededor del país, los impuestos a la propiedad van en aumento. En 2018, por ejemplo, los impuestos a la propiedad en Estados Unidos aumentaron un promedio de un 4 por ciento. Generalmente, la gente paga alrededor del 0.5 al 2.5 por ciento del precio de compra de la casa por año. Si los valores de la propiedad en su área están aumentando, lo más seguro es que sus impuestos sobre la propiedad también aumenten. Por lo tanto, es importante tener en cuenta ese aumento cuando elija un lugar para vivir. Siendo así, generalmente los impuestos a la propiedad son deducibles hasta una cierta cantidad. Debido a esto, es recomendable que se mantenga informado de las más recientes exenciones fiscales en relación con los impuestos a la propiedad.

Los impuestos sobre la propiedad pueden tener un impacto real. Por ejemplo, en 2018, Nueva Jersey tuvo los impuestos sobre la propiedad más elevados, del 2.47 por ciento, y Hawái tuvo los más bajos, de un 0.27 por ciento. Si usted compraba una casa en Hawái por $205,000.00, habría pagado aproximadamente $560 anualmente en impuestos sobre la propiedad, pero en Nueva Jersey, los impuestos anuales sobre la propiedad de esa casa misma habrían sido de $5,064. ¡La diferencia es del cielo a la tierra!

Debido a que los impuestos varían cada año, en Estados Unidos, el pago mensual se conoce a menudo como PITI o PITMI (por sus siglas en inglés: capital, intereses, impuestos y seguro; en Canadá podría denominarse PIT porque las primas de seguro no suelen incluirse).

- Pagos destinados al **c**apital, que reducen el monto de su préstamo
- **I**ntereses, que se pagan al prestamista por permitir que usted obtenga el dinero en préstamo
- **I**mpuestos inmobiliarios, que se pagan a los gobiernos locales
- El **s**eguro sobre la propiedad, que se paga a la compañía que asegura su casa contra daños y obligaciones definidas

Normalmente, los compradores pagan el capital, los intereses, los impuestos y el seguro (PITI) en un único pago mensual. Las partes de estos fondos destinados al pago del seguro y los impuestos se retienen en una **cuenta de depósito en garantía**, es decir, una cuenta aparte, hasta que vencen las primas o impuestos. En otras palabras, esta cuenta de depósito en garantía funciona tal como la retención de impuestos de su pago salarial. Le permite ahorrar a lo largo del año para asegurarse de contar con fondos suficientes para pagar los impuestos anuales y las cuentas del seguro. También le garantiza al prestamista que el pago de estas sumas de dinero se cubrirá a término, que no se incumplirán los pagos y que la inversión del prestamista (la casa que usted compra) estará debidamente asegurada. El 80 por ciento de las hipotecas incluye una cuenta de depósito en garantía; recomendamos encarecidamente que, al emitir sus abonos a esa cuenta, estos sean parte de su pago hipotecario total y no un pago por separado.

Financiación creativa

Conseguir un préstamo hipotecario tradicional podría parecer confuso, costoso, o simplemente difícil. Aquí presentamos un conjunto de estrategias financieras de comprobada eficacia a las que usted podría acceder sin importar las circunstancias económicas desfavorables, ya sean generales o personales.

La financiación creativa incorpora un conjunto de estrategias que pudieran ayudarle a comprar una casa con un menor aporte de su propio dinero como pago inicial e incluso disminuir su pago mensual. Los siguientes son ejemplos de algunas de las formas comunes de aplicar la financiación creativa.

Jaquear la casa (House-Hacking)

Como vimos en el capítulo 1, la idea de alquilar una parte de la casa un puede ser una manera creativa de financiar un hogar. Con el aumento de los costos de vivienda, a veces una de las mejores maneras de pagar una casa es dividir el costo. Justo aquí es donde entra en juego el jaqueo. Esta estrategia implica comprar una casa con el objetivo específico de alquilar una parte de esta. Esto pudiera ser tan simple como comprar una casa de dos dormitorios con la intención de alquilar la habitación adicional, o de tal magnitud como comprar una casa dúplex y alquilar una de las dos unidades. Tener un arrendatario reduce inmediatamente sus costos mensuales y le ayuda a pagar su hipoteca rápidamente. Además, reduciría sus gastos y posiblemente reduciría su base de ingresos gravables, aumentaría sus ahorros y proporcionaría ingresos pasivos. Esta opción le ofrece muchos de los beneficios financieros típicos de ser propietario, como la acumulación de capital y las deducciones fiscales, con la ventaja de tener a alguien que ayude a mitigar los costos.

James Williams, agente inmobiliario de Washington, D.C., no solo aconseja a sus clientes esta alternativa, sino que también lo hizo para comprar su primera casa. "Mi historia sobre la compra de mi primera casa es similar a la de muchos de mis clientes, y comparto mi propia experiencia para que conozcan opciones para aumentar sus ingresos. Compré mi primera casa en los suburbios de Filadelfia. Era una vivienda unifamiliar de tres niveles con tres dormitorios, dos baños y medio y un sótano terminado. Tenía un compañero de clase de la universidad y un compañero de trabajo que necesitaba un lugar para vivir, así que decidí alquilar dos de las habitaciones. El dinero que recibí cubrió el 75 por ciento de mi hipoteca y me permitió pagar mis préstamos estudiantiles, ahorrar dinero y tener ingresos disponibles. Este fue el trampolín que me inspiró a comprar propiedades para inversión. He compartido esta historia con muchos de mis clientes y también han comprado casas adecuadas que les permitieron generar ingresos a través del alquiler de habitaciones".

Cofirmantes

Si la idea del *jaqueo* de la casa no es su estilo, también puede recurrir a amigos, familiares o benefactores dispuestos a ayudarle a comprar su primer hogar. Cada vez es más común que los padres u otras partes interesadas ayuden a las personas a comprar su primer hogar. Ya sea con un aporte concreto al pago inicial, o invirtiendo dinero en efectivo para ayudar a financiar una hipoteca, o firmando como codeudor en el préstamo, puede que alguien lo ayude económicamente. Si su sueño es comprar una casa pero los fondos con los que cuenta no le alcanzan, bien pudiera recurrir a su círculo más cercano para que lo ayuden. Sin embargo, es mejor hacerlo con alguien que usted conozca —como sus padres— y formalizarlo mediante contrato.

Préstamo combinado

También se puede ser creativo con el financiamiento para evitar por completo el seguro hipotecario privado. Una forma habitual de eludir el pago del seguro hipotecario desde el inicio es tomar un segundo préstamo o **préstamo combinado**. Este es un préstamo que cubre la diferencia entre el efectivo que usted tiene y el efectivo que necesita para alcanzar el 20 por ciento del inicial. Por ejemplo, si tiene para pagar el 10 por ciento de inicial, podría adquirir un préstamo "80/10/10", es decir, un 80 por ciento del primer préstamo, un 10 por ciento del segundo préstamo y un 10 por ciento del pago inicial. Normalmente pagará una tasa mucho más alta sobre este segundo préstamo, pero por lo general durante un plazo más corto. Es importante destacar que, debido a que el segundo préstamo es un préstamo para vivienda y no una cuota de seguro, en Estados Unidos los intereses son deducibles de impuestos, lo que significa más dinero en su bolsillo.

Otras opciones

Otra posibilidad es que usted y el vendedor lleguen a un acuerdo común de financiamiento Por ejemplo, un vendedor puede ofrecer lo que se conoce como **financiamiento directo del propietario**. En este caso, el vendedor, como titular libre de todo reclamo, le ofrece un préstamo hipotecario privado. Otra situación implica la **asunción** por su parte de la hipoteca del vendedor. En este escenario, el prestamista hipotecario del vendedor le permite a usted, el comprador, asumir la responsabilidad de la hipoteca del vendedor. (Este tipo de transacciones suele ser más común en préstamos especiales para veteranos.) El último concepto es una opción en la que usted alquila la propiedad del vendedor hasta que usted tenga el capital o efectivo para comprarla, conocido como "**alquiler con opción a compra**". Sin embargo, el alquiler con opción a compra puede ser difícil y no siempre ventajoso para el arrendatario. Antes de aceptar cualquier programa de alquiler con opción a compra, infórmese adecuadamente sobre sus derechos legales y consulte con un profesional de bienes raíces.

Aunque la opción de financiamiento directo del propietario está ampliamente disponible, hay que tener en cuenta que no todas las hipotecas son transferibles, y muchas hipotecas tienen una cláusula de vencimiento por venta, lo que significa que el prestamista debe ser notificado y aprobar la transferencia de la hipoteca. Este tipo de transacción se conoce como hipoteca envolvente. En ciertos lugares no se permiten las opciones de arrendamiento ni sus variaciones: el contrato por el cual se otorga la escritura y el alquiler con opción a compra. Recomendamos que pida a su agente que lo conecte con un abogado de bienes raíces confiable si elige algunas de las opciones de financiación creativa.

Si se decide por conseguir un segundo préstamo privado como parte de su estrategia de financiamiento creativo (a través del vendedor en específico), es importante que entienda los escollos que esto pudiera encerrar. Podría terminar con lo que se conoce como un "**gravamen**".

¿Qué es un gravamen?

Un gravamen es una reclamación contra un activo que se utiliza como garantía en el caso de un préstamo o deuda. A modo de ejemplo, si usted toma un préstamo de un banco para pagar una casa pero no hace nunca el pago de su hipoteca, su prestamista podría imponer un gravamen sobre su casa. Esto significa que pueden reclamar su casa como garantía si usted se niega a pagar. De esa manera, el banco puede obtener beneficios de su inversión sin incurrir en pérdidas financieras. Si las cosas empeoran, el banco podría embargar su propiedad y venderla. Incluso los gravámenes menores deben anularse antes de que usted pueda vender su casa.

Con un segundo préstamo se agrega un segundo gravamen, que generalmente conlleva condiciones menos favorables para el comprador o, en términos resumidos, una **garantía**. Por lo general, el primer gravamen está garantizado mediante la propiedad y tiene prevalencia si la transacción fracasa y es necesario liquidar la propiedad para saldar el préstamo. Los prestamistas secundarios toman esto en cuenta en las condiciones que ofrecen, lo que generalmente implica tasas de interés más altas y plazos más cortos. La más importante es entender que usted tiene muchas opciones de financiación al comprar una casa. A veces solo hace falta buscar en los lugares menos obvios para encontrarlas.

Si bien es cierto que encontrar el producto hipotecario más idóneo requiere un poco de esfuerzo, también es cierto que el esfuerzo vale la pena. La elección inteligente de su hipoteca puede ser uno de sus mejores activos financieros. Le permite cumplir el sueño de ser propietario de una vivienda y lo ayuda a afianzar su seguridad económica a través de la acumulación de capital y de patrimonio neto. A medida que su capital crece, será una valiosa fuente de solvencia y estabilidad económica.

2. Elija el prestamista adecuado

Una vez que conozca las prioridades de su préstamo hipotecario, estará listo para hablar con **los prestamistas** acerca de los paquetes específicos que ofrecen. Cada prestamista podría darle un valor aproximado de los tipos de préstamos y tasas de interés para los que usted califica, más los cargos que se cobran.

De inicio, usted tiene un par de opciones distintas para encontrar al prestamista adecuado. Es probable que su lista de oficiales de préstamos y prestamistas incluya corredores de hipotecas y bancos hipotecarios. Cualquiera de estos realizará una buena labor para conseguirle una hipoteca, pero también es útil entender las diferencias entre cada uno.

La primera opción es trabajar con un **"corredor hipotecario"**. Un corredor hipotecario es alguien cuyo trabajo consiste en conocer y encontrar a los mejores prestamistas en el mercado. Los corredores de hipotecas en realidad no hacen (suscriben) préstamos sino más bien se especializan en elegir entre todo el mercado hipotecario para encontrar el préstamo adecuado para sus clientes. Debido a que transan constantemente con muchos originadores de préstamos, los corredores pueden ofrecer una variedad más amplia de productos hipotecarios. Sin embargo, debido a que en realidad no son ellos mismos los que suscriben el préstamo, la aprobación podría dilatarse un poco y puede que no sean tan flexibles con relación a los requisitos que usted debe satisfacer para calificar.

La otra opción es ir directamente a un prestamista: puede ir directamente a un banco u otra institución para averiguar cuáles son sus opciones de préstamo. Cuando escoja un prestamista, se pondrán de acuerdo para que usted consiga la mejor oferta posible. Los banqueros hipotecarios aprueban y luego hacen sus propios préstamos, lo que significa que están íntimamente familiarizados con los productos hipotecarios de su empresa. Esto les permite predecir con gran certeza lo que sus aseguradores aprobarán.

Aunque suene tentador elegir a un prestamista estrictamente en términos de la tarifa más baja, recomendamos priorizar sobre la base de un estándar distinto: su reputación. La mejor manera de encontrar un prestamista reputado y que trabaje bien es por medio de referencias de amigos, su agente de bienes raíces y otras personas de su confianza. Trabajar con un buen prestamista le asegura que todos los detalles se manejen correcta y oportunamente. Además, usted podrá fiarse de que le están dando buenos consejos financieros y no solo palabras huecas. Su tranquilidad es primordial.

Esté preparado para los costos de cierre

En Estados Unidos, los cargos del prestamista y otros costos de cierre pueden significar un incremento de entre el 3 y el 5 por ciento en el precio de compra de una propiedad.

Costos posibles del prestamista

1. Cargos por emisión del préstamo ("puntos")
2. Gastos administrativos
3. Costos de solicitud
4. Costos del prestamista o agente
5. Comisión de compromiso
6. Preparación de los documentos
7. Comisión de suscripción

Costos posibles de terceros

1. Informe de crédito
2. Tasación de la propiedad
3. Inspecciones para el control de plagas
4. Costos de registro
5. Costos de cierre
6. Estudio topográfico
7. Pago por adelantado del seguro e impuestos
8. Investigación de títulos
9. Seguro de título
10. Servicios de mensajería

Pregunte siempre

"¿De qué otros costos tendré que hacerme cargo para completar el cierre de la compra de nuestra casa?"

Figura 3.3

Después de todo, el proceso de finalización de un préstamo tiene muchos pasos. En un plazo muy corto, se tienen que elaborar innumerables documentos que requieren verificación, procesamiento y finalmente la firma de todas las partes involucradas. Los errores pueden retrasar este proceso o incluso arruinarlo enteramente. Casi todos los agentes de bienes raíces tienen algún (o incluso muchos) relatos desastrosos acerca de compradores que optaron por un agente de préstamos o un prestamista tras recibir una cotización con una baja tasa de interés, para luego darse cuenta de que, llegado el momento del cierre, algunos cargos habían cambiado o ciertas tasas habían subido. Por eso es importante tener un buen agente que, aunque no pueda controlar cada tasa, sea bueno con los números, conozca el mercado y pueda dar un estimado correcto.

¿Qué significan los cargos?

Aunque los cargos rara vez se asocian con los préstamos para vivienda en Canadá, en Estados Unidos son bastante comunes. Es importante entender cuáles son esos cargos para que no sean una sorpresa inesperada al momento del cierre. "Muchos clientes no se dan cuenta de que, junto al pago inicial, también se agregan los costos de cierre", explica Monica Jenkins, agente de préstamos. "Así pues, es importante tener una expectativa clara de lo que se necesita al momento del cierre".

En Estados Unidos, el día de cierre usted será responsable de varios gastos y cargos, además del pago inicial. Estos costos de cierre se explican más detalladamente en el capítulo 8. Los costos de cierre incluyen los cargos del propio prestamista, los cargos de terceros para cubrir el seguro de título y el costo del pago por adelantado de un año del seguro sobre la vivienda, entre otros. Debido a que los costos de cierre pueden ascender a miles de dólares, sería conveniente comparar lo que cobran los distintos prestamistas. Comparar renglón por renglón puede resultar confuso, así que le sugerimos en cambio que al recibir los estimados de préstamos compare los costos totales. Si el prestamista A es más caro que el prestamista B, no tenga miedo de preguntar por qué. Algunas veces los prestamistas estarán dispuestos a negociar.

Otra cosa importante que tener en cuenta son los "puntos". Un punto es un cargo vinculado al préstamo que equivale al 1 por ciento del capital del préstamo. En un préstamo de $100,000.00, un punto equivale a $1,000.00. Muchos préstamos incluyen el costo de los puntos por adelantado a cambio de una tasa de interés ligeramente más baja, que por lo general aparece como un cargo por emisión del préstamo. Cuando las tasas de interés están altas, los compradores a veces pagan puntos adicionales para comprar con una tasa de interés más baja.

Sin embargo, esta estrategia únicamente vale la pena en un plazo más largo. A manera de ejemplo, a usted no va a interesarle pagar miles por adelantado para ahorrarse unos $100 por mes si va a mudarse apenas en un par de años. Por lo tanto, si estaba pensando pagar puntos, le sugerimos que le pida a su prestamista o agente que lo oriente con los cálculos para asegurarse de que valga la pena invertir en eso.

Si son buenos, los agentes de préstamos y sus prestamistas resuelven todo a las mil maravillas, llegando incluso a evitarle un préstamo inadecuado. De ahí la importancia de hacer las verificaciones de lugar cuando se trata de seleccionar uno. La agente Jennifer Barnes, de Atlanta, Georgia, trabajó con una pareja cuyo prestamista desapareció el día de cierre. "En el momento final del cierre, no apareció. No había paquete de préstamos, no había nada". Inmediatamente, Jennifer se puso en acción para conseguir un nuevo préstamo en menos de una semana, gracias a sus buenas relaciones con un equipo de prestamistas. "Conocía a un tasador dispuesto a soltarlo todo y encargarse del asunto. Luego fue sólo cuestión de conseguir la aprobación", añade.

En pocas palabras, tanto importa un buen agente como un buen prestamista. Por lo tanto, manténgase alerta: comience su búsqueda de préstamos buscando buenas referencias, no tarifas. Claramente, las tasas y los cargos también son importantes, pero un buen agente de préstamos le explicará de antemano todas las tasas y cargos de los préstamos que usted está considerando, de modo que pueda comparar si son buenos y competitivos. Luego, el prestamista le entregará un estimado del préstamo con los detalles sobre el préstamo para el cual usted mejor califica según el pronóstico del agente, qué tipo de interés usted puede conseguir y todos los cargos que se incluyen.

3. Solicite un préstamo y obtenga la aprobación

Ahora que ha encontrado a su socio hipotecario, el siguiente paso es llenar una solicitud y obtener la aprobación previa. La mejor manera de saber exactamente lo que usted puede costear es conseguir una aprobación previa para un préstamo. Conseguir la aprobación para un préstamo, incluso antes de haber elegido una casa, es lo que se llama "**aprobación previa**," y es una de las mejores maneras de conseguir una casa, particularmente en un mercado competitivo. El proceso de conseguir la aprobación para un préstamo es relativamente sencillo; tan solo requiere encontrar un prestamista con el que usted se sienta a gusto y reunir los documentos necesarios.

La aprobación previa le permitirá saber el monto máximo que puede pedir prestado y, cuando se suma a su pago inicial, establece un límite máximo al rango de precios que usted puede pagar. Pero, como es bien sabido, una casa es más que simplemente un techo. Para determinar realmente el precio de compra de la vivienda que usted quiere, no debe centrarse exclusivamente de la aprobación previa de su prestamista. Hable también con su agente inmobiliario o con su asesor financiero. Los prestamistas determinan lo que usted puede pedir prestado, pero solo usted puede decidir lo que puede costear. Cuando compró casa por primera vez, Jeffrey Barg, de Filadelfia, Pensilvania, decidió consultar con un asesor financiero sobre cuánto debía invertir en su primera compra. "Como no tenía planes de irme de Filadelfia, comprar una casa era una decisión sensata desde el punto de vista económico. Mi asesor estuvo de acuerdo y me ayudó a calcular cuánto podría gastar, y luego usé esa información como guía", dice Jeffrey.

Lista de comprobación de documentos de aprobación previa

Cuando llegue el momento de solicitar un préstamo, conviene asegurarse de que tiene a mano todos los documentos que pueda necesitar. De esta forma, el proceso fluirá lo mejor posible. Para solicitar el préstamo, necesitará lo siguiente:

1. **Comprobante de ingresos y constancia laboral:** Si trabaja para una empresa, probablemente tenga que presentar un formulario W-2. Para los trabajadores autónomos, esto significaría proporcionar el formulario 1099 más reciente.

2. **Información sobre deudas:** ¿Ha tomado un préstamo para pagar un automóvil o tiene deuda de préstamo estudiantil? (¿Y quién no hoy en día?) Necesitará documentación para que como parte de los procesos de préstamo se pueda calcular su índice de relación deuda-ingresos.

3. **Información sobre activos adicionales:** También conviene tener la documentación requerida sobre cualquier otro activo. Esto incluye cuentas de jubilación,

pensiones u otros instrumentos financieros a los que tenga acceso.

Si vive en Canadá, su lista de verificación será un poco distinta. Por ejemplo, la constancia laboral puede ser una carta de empleo, el formulario T4, una declaración de impuestos general, o un aviso de evaluación.

Para evitar que usted se ahogue económicamente, las instituciones de crédito analizan cuidadosamente sus finanzas para llegar a un cálculo razonable de lo que usted podría costear. Para comenzar este proceso, usted presenta una solicitud a un prestamista detallando sus ingresos, activos y deudas. El agente le ayudará a explorar sus opciones de financiamiento y calcular aproximadamente cuánto puede pedir prestado y el tipo de préstamo que más le conviene.

Cuando ya usted tiene un plan de acción definido, su solicitud pasa a manos de un evaluador de riesgo, quien se encarga de verificar toda la información y luego decide exactamente cuánto la institución está dispuesta a prestarle. En eso es que consiste el proceso de aprobación previa. Completar la solicitud le tomará aproximadamente una hora, mientras que el proceso de evaluación y suscripción suele tardar unos días. Gracias a la informática, algunas veces la evaluación de las solicitudes de préstamo se puede completar y aprobar en cuestión de horas, pero, por lo general, suele tardar más. Consideramos que la aprobación previa es primordial para el éxito en el proceso de compra de vivienda, como veremos en varios puntos a lo largo de este capítulo.

Qué significa el crédito

Ya encontró una casa y un prestamista; llegó el momento de solicitar la hipoteca. Pero, ¿qué tal anda su crédito? ¿Cuál es su calificación de crédito, y cómo afectará su hipoteca?

Las calificaciones de crédito son una medida de nuestra solvencia. Su calificación crédito podría reflejar una buena porción de sus movimientos financieros, como sus pagos a tiempo de alquiler, una nueva tarjeta de crédito, entre otros. Los elementos principales que componen su cuenta son el historial de pagos, la cantidad de deuda, la cantidad de crédito nuevo, la duración de su historial de crédito y la combinación de crédito. Por ejemplo, si paga todas sus facturas de tarjeta de crédito a tiempo, tendrá una buena puntuación en su historial de pagos. Pero si obtiene nuevas tarjetas de crédito constantemente, pide un límite de crédito más alto o incluso si tiene que revisar su calificación de crédito para obtener un informe de crédito, todas estas acciones podrían afectar su calificación de crédito en el corto plazo. Lo más deseable es una historia larga y estable de buen crédito con poca deuda.

Las tres entidades principales que crean y supervisan las calificaciones de crédito son FICO, Experian y TransUnion. Cada compañía tiene varias formas distintas de medir el crédito que aplica a los distintos tipos de compras. Llegado el momento de obtener su hipoteca, la mayoría de los prestamistas extraen el puntaje FICO para determinar sus opciones de préstamo. Cuanto mejor sea su calificación de crédito, más serán las opciones de préstamos disponibles para usted y mejores serán las tasas de interés a las que podrá tener acceso.

Eso no quiere decir que si su calificación de crédito es baja, no puede comprar una casa. Pero las opciones de préstamos disponibles para usted serán menos, y quizás puede que necesite conseguir financiamiento de otra manera más creativa. Anteriormente en este capítulo analizamos algunas opciones de financiación creativa a las podría recurrirse en caso de que las vías de financiamiento más convencionales ya no sean una alternativa debido a una calificación de crédito pobre. Tenga en mente que si desea una copia de su informe de crédito que no perjudique su puntuación, puede sacar una copia gratuita una vez al año a través de *annualcreditreport.com*.

4. Decida entre sus opciones de hipoteca

El pago inicial, la tasa de interés y el período para cancelar su préstamo, son los elementos que conforman la receta básica para un préstamo hipotecario. Aunque todas las hipotecas tienen los mismos elementos, usted puede combinarlos de distintas maneras para cubrir sus necesidades económicas. Recuerde que el tipo de hipoteca que usted elija será el elemento que defina cuánto debe pagar por adelantado, cuánto pagará cada mes y cuánto interés pagará durante la vigencia del préstamo. Usted decide cuáles de estos factores son los más importantes para usted:

Un pago mensual menor.
Hay dos maneras fundamentales de conseguir un pago mensual bajo: comprar una casa más pequeña o pagar más por adelantado. La mayoría de las personas elige la segunda opción. Un pago inicial más cuantioso ayudará a reducir la cantidad total de su préstamo y a conseguir una mejor tasa de interés. Dependiendo de las tasas de interés, sus planes a largo plazo y qué tan cómodo se

sienta con el nivel de riesgo, quizás le convenga también considerar una hipoteca con tasa de interés ajustable o con un plazo más largo.

Quiero poner lo mínimo en el pago inicial.
Al comprar una casa por primera vez, es importante recordar que hay una variedad de opciones y planes que pueden ayudarle a conseguir su casa pagando menos del 20 por ciento de inicial. Cerciórese de hablar con su agente y su corredor y confirme todo lo necesario.

Quiero acumular capital rápidamente.
Considere la posibilidad de tomar un préstamo con un período de amortización de 15 años o una hipoteca de 30 años y hacer pagos anticipados voluntarios. Estas son también buenas opciones si su prioridad es pagar menos interés durante el plazo del préstamo y acumular capital en su propiedad. Esto puede impactar positivamente su patrimonio financiero y su solvencia.

Quiero minimizar el riesgo.
Un préstamo a tasa fija por 30 años con un pago inicial del 20 por ciento puede ser su opción más segura. Al mudarse en la casa ya tiene capital acumulado en la propiedad, y su tasa de interés es fija y permanente durante la vigencia del préstamo, sin importar lo mucho que suban las altas tasas de interés después de que usted se mude.

Al comprar su primera casa, considere todas las opciones detenidamente, incluyendo los programas del gobierno destinados a las personas que compran casa por primera vez. Creemos que disfrutará de los beneficios que ofrecen estos programas y se sentirá agradecido por los años venideros.

5. Entréguele al prestamista un contrato de aceptación de compra

Digamos entonces que ha encontrado la casa, tiene la aprobación previa de un prestamista, hizo una oferta y esta fue aceptada: ¡felicitaciones! En la mayoría de los casos, eso significa elaborar un contrato de oferta de compra. Este contrato establece claramente todo lo necesario para la consecución de la venta de la casa, desde lo que permanecerá en el hogar hasta el plazo para la venta.

Este contrato describe los términos, condiciones y contingencias relativas a la venta de la casa. Una vez firmado el contrato, tendrá que enviarlo a su prestamista para dar curso al proceso. El capítulo 6 ofrece más detalles sobre los factores necesarios para elaborar una buena oferta y darle forma a los detalles de la transacción. Pero, ¡espere!...aún falta más. Tenemos un montón de cosas que decirle aún.

6. Obtenga una tasación y el título de propiedad

Para el cierre tienen que suceder dos cosas: la tasación de la propiedad y confirmar que el título de la propiedad está libre de defectos. Pero, ¿qué significa eso?

Una tasación es la manera en que la entidad de préstamos entiende el valor de la propiedad antes de finalizar el préstamo. Con esto, la entidad se protege de emitir un préstamo muy alto o muy bajo con relación a la propiedad. Como ejemplo, la mayoría de los bancos no querrán desprenderse de medio millón de dólares por una propiedad cuya una tasación es de $250,000; sería una irresponsabilidad del banco.

El título es el derecho legal a la propiedad. Si usted va a comprar la casa, necesita verificar que el vendedor tiene la fuerza legal para efectuar dicha venta. Es por eso que la mayoría de los prestamistas tienen un equipo dedicado para ayudar a investigar y transferir el título. Por medio de la investigación de títulos usted verificará que nadie más haya colocado un gravamen sobre la propiedad. Afortunadamente, si usted llegara a descubrir que el título no le pertenece al vendedor, hay cláusulas de resguardo que el permiten desistir de la negociación. (Esto lo veremos más a fondo en los capítulos 6 y 8 más adelante.)

7. Obtenga los fondos para el cierre

¡Comienza la cuenta regresiva! Usted hizo su oferta, firmó los contratos e hizo la inspección de la propiedad. Ya *usted comprobó* que todo *está en orden*, y lo que resta es obtener los fondos para el cierre. Esta es la parte en la cual la entidad de préstamos completa las verificaciones finales y aprueba el préstamo. Cuando todo esté finalizado y se firmen los documentos, el préstamo pasa a ser suyo oficialmente.

Todo este proceso, desde la aprobación previa hasta la financiación, suele suceder en el transcurso de varios meses, aunque los plazos varían de un caso a otro. Como siempre, una de las mejores formas de estar al día en todo es conseguir la aprobación previa y tener toda su documentación en orden. Pero primero, antes de llegar al cierre (y todo el papeleo), es necesario encontrar una casa.

Puntos para recordar

- Siga estos siete pasos para financiar su casa:

  - Definir su presupuesto.
  - Elegir la entidad de préstamos adecuada.
  - Solicitar el préstamo y la aprobación.
  - Decidir entre sus opciones de hipoteca.
  - Entregar un contrato de aceptación de compra al prestamista.
  - Obtener la tasación y el título.
  - Obtener los fondos para el cierre.

- No es necesario ahorrar muchísimo dinero para el pago inicial. Una hipoteca convencional puede requerir apenas el 5 por ciento del pago inicial, y hay incluso algunos programas para compradores de una primera vivienda que requieren aún menos.

- Tener a su lado un buen agente de préstamos (o especialista en hipotecas) garantiza que todos los detalles se manejen de manera precisa y oportuna y que reciba buena asesoría financiera.

- Los prestamistas determinan lo que usted puede pedir prestado, pero solo usted puede decidir lo que puede costear.

- Entender las tres partes básicas de un préstamo hipotecario —pago inicial, tasa de interés y condiciones del préstamo— le ayudará a elegir la mejor opción para usted.

- Visite *YourFirstHomeBook.com* para obtener hojas de trabajo y otros recursos útiles.

LA PRIMERA CASA DE GARY KELLER

Durante mi niñez, viviendo en Houston, Texas, nos mudamos de un lugar a otro varias veces. Sin embargo, algunos de mis mejores recuerdos se relacionan con la primera casa, que fue también la primera que mis padres compraron. Era una de esas casas en serie que abundaban por todas partes en los años 50: tres dormitorios diminutos, dos baños con azulejos brillantes color pastel en las paredes, un pequeño cuarto de estar y un estrecho garaje para dos vehículos.

Nuestra casa estaba situada en Dorothy Street, rodeada de otras que eran casi idénticas. Las casas estaban separadas por cercas alambradas para mantener seguros a niños y mascotas, pero a la vez facilitaban la conversación entre vecinos. El césped de todas se

Fotografía: cortesía de la familia Keller.

mantenía corto y cuidado. Era un lugar excelente para crecer.

Cuando pienso en esa casa, me embargan tantos cálidos recuerdos. Recuerdo a mi papá jugando con nosotros en el piso de madera y haciéndonos volar por el aire. Había un enorme columpio en el patio. No era de los livianos que oscilan. Papá compró el nuestro en un lugar que vendía equipamiento de juegos para parques y luego lo fijó al suelo con cemento. Tenía columpios, un tobogán, barras trepadoras e incluso un trapecio; se convirtió en el escenario de un sinfín de aventuras. También construyó un arenero y mis amigos y yo pasábamos allí horas armando túneles y jugando con nuestros autos y camiones de plástico. En ese patio levantamos fuertes de cartón con cajas rescatadas de la basura de una mueblería vecina. Todos los veranos, papá armaba una pileta de plástico azul en la que cabían siete u ocho niños. Todo el vecindario se reunía allí.

Todavía puedo ver a mi madre apoyada en la cerca trasera, hablando con nuestra vecina, la Sra. Ramsey, y a mi padre (con un pañuelo alrededor de la cabeza) cortando el césped, con sus pantalones cortos a cuadros, zapatos de vestir y medias oscuras (los papás no usaban zapatos deportivos por ese entonces). Me acuerdo del rincón desayunador, acogedor, con paredes de madera y una mesa de formica donde nos reuníamos a comer, y donde mi madre una vez me lavó la boca con jabón por haber dicho algo que consideró una falta de respeto. (¡A los ojos de mi madre decir "Tú abuela" era evidentemente lo peor!) Recuerdo los cumpleaños y las vacaciones, especialmente el árbol de Navidad de aluminio con la rueda de colores; mis dos hermanas y yo pasamos horas viendo el árbol cambiar de colores a medida que la rueda giraba. Papá construyó un taller en el patio. Hizo que alguien se encargara de los cimientos de concreto y él construyó el resto. Yo le llevaba sus herramientas y allí fue donde aprendí a martillar clavos. Construir el taller le llevó un año, y aunque medía solamente 12 pies por 12 pies, a mí me parecía enorme. Yo estaba asombrado de lo que mi padre había creado.

Una casa es un espacio que alberga sus recuerdos más profundos. Se puede rememorar una casa alquilada, pero nunca sentirá por ella lo mismo que si fuera suya. Vivir en su primer hogar puede ser la experiencia material más emocionante que pueda tener. Nada puede compararse. Es donde cuelga el sombrero, donde descansa la cabeza; es una fuente de calidez, de seguridad, una inversión para su futuro económico. Su hogar es el lugar en el que construye un taller o fija con cemento un columpio en el patio o planta un rosal, como mi papá y yo hicimos. De verdad se está mejor en casa que en cualquier otro sitio, en particular cuando es propia y está en Dorothy Street.

Gary Keller es el presidente ejecutivo y cofundador de Keller Williams Realty.

CAPÍTULO 4

IDENTIFICAR SUS CRITERIOS

Cuando Cheri Corrado estaba buscando su primera casa, estaba convencida de que sabía exactamente lo que quería. Después de todo, trabajaba como agente inmobiliaria y conocía el mercado de Washington, D.C. como la palma de su mano. También "sabía" que quería una propiedad unifamiliar independiente, y no una de las casas en serie tan comunes en su zona. Había buscado infructuosamente durante varias semanas hasta que una conversación casual en su oficina con otra agente cambió totalmente la situación.

"Le estaba contando las dificultades que tenía", dice Cheri, "y me preguntó: '¿por qué quieres una casa unifamiliar?'".

Cheri lo pensó un poco y, para su asombro, se dio cuenta de que no era eso lo que quería. En realidad, no le gustaba el trabajo de jardinería y, además, no tenía tiempo para ocuparse de esas tareas. Advirtió que lo que quería era la mayor superficie utilizable posible y que había dado por sentado que las propiedades unifamiliares independientes son las más amplias.

"Cuando comprendí que lo verdaderamente importante era el tamaño de la casa, dejé de buscar propiedades independientes y centré mi búsqueda en el tamaño", explica. En poco tiempo encontró una casa en serie de la cual se enamoró. "Por eso es preciso dilucidar *por qué* uno quiere lo que quiere".

Quizás usted piensa que la búsqueda de una casa empieza cuando se sube al auto y sale a recorrer la ciudad o busca entre las listas de casas nuevas en Internet. Es cierto que esta puede ser la parte más emocionante del proceso de compra de una casa. ¡Tantas casas! ¡Tantos vecindarios! Todas esas fotos extrañas de casas en venta que le hacen preguntarse cómo fue que el dueño pensó que sus ideas de diseño y renovaciones harían que la gente quisiera comprar su casa. De hecho, antes de haber considerado comprar, la mayoría de las personas ya habían estado mirando casas en Internet previamente. Un nuevo hogar es una oportunidad increíble; significa nuevos sueños y nuevas posibilidades.

Pero cuando llegue el momento de comprar su primera casa, es importante dejar de lado algunas de esas expectativas. Según el agente Lance Loken de Houston, Texas, "la primera casa de un comprador rara vez es la casa en la que vivirán para siempre y puede que no cumpla su lista completa de requisitos; pero suele ser un escalón para avanzar en su recorrido inmobiliario". La mayoría de nosotros todavía no podemos permitirnos esa biblioteca de ensueño o una piscina climatizada. Es por eso que la búsqueda de una casa empieza cuando analizamos detenidamente nuestros valores, deseos y necesidades, tanto a corto como a largo plazo. Para el agente Brady Sandahl, de Rancho Mirage, California, este tipo de consulta es sumamente valiosa. "Les hago a los compradores una serie de preguntas sobre el motivo por el que quieren comprar algo nuevo y por qué esos factores son tan importantes. Como ejemplo, si dicen que quieren una casa de cuatro dormitorios, les digo '¡Genial! ¿Quién o cómo usted disfrutará de cada uno de esos cuatro dormitorios?' Recuerde que debe buscar la razón (o lo que yo llamo el ingrediente) detrás de lo que lo motiva en un sentido u otro".

En el proceso de compra de vivienda, la consulta inicial con su agente es su manera de asegurarse de que está preparado. Quizás crea que tiene una idea bastante concreta de cómo quiere que sea su primera casa, y quizás tenga razón, pero, sin dudas, querrá asegurarse de no olvidarse de nada. Por eso es importante hablar con su agente e incluso firmar **un acuerdo de representación del comprador**. Como bien lo entendió Cheri Corrado, no puede estar absolutamente seguro de lo que realmente necesita hasta dilucidar el *por qué*.

Pasar del "qué" al "por qué"

Cuando decimos que tiene que determinar el "por qué", es otra manera de decirle que tiene que entender qué es lo que más valora y de qué modo su primera casa puede materializar esos valores. Tenemos que desglosar la noción de lo que queremos en piezas más pequeñas para ayudarnos a entender el motivo subyacente, es decir, el por qué.

Mientras recibe asesoramiento, le proponemos que ponga a un lado cualquier preconcepto que tenga acerca de lo que quiere y de las casas disponibles. Luego, empezando desde cero, prepare una lista de criterios de búsqueda que refleje lo que verdaderamente necesita y todas las alternativas razonables para satisfacer esas necesidades.

Primeramente, aclaremos algunas definiciones. Sus motivaciones (el por qué) están ancladas en sus valores, de forma tal que usted pueda identificar lo que necesita y lo que desea en cada punto. Por "valores" nos referimos a esas consideraciones generales y amplias que son la base de sus deseos personales: privacidad, seguridad, buenas escuelas, tiempo al aire libre, reuniones en casa y suficiente espacio. Sus valores repercuten en sus necesidades específicas: un patio grande, una sala para agasajos o una distancia corta entre la casa y el trabajo. Lo más concreto de todo serán sus "deseos" porque son las formas particulares en que le gustaría satisfacer sus necesidades. Por ejemplo, puede que tenga en mente un vecindario determinado para satisfacer la necesidad de vivir cerca de su lugar de trabajo. O bien, sus deseos pueden ser cosas que simplemente le gustan, como por ejemplo superficies de granito o una cerca para resguardar la privacidad.

Utilice el formulario en la página 251 del Apéndice y anote todo lo que desea que tenga una casa. (Si lo prefiere, escríbalo en una hoja de papel o haga una lista en una computadora. Después de todo, se trata de lo que usted desea.) Anote todo lo que se le ocurra: tamaño, vecindario, estilo arquitectónico, comodidades y servicios, etc. Una vez que tenga la lista de los "que", puede empezar a escribir los "por qué".

Veamos cómo podría funcionar este proceso. Digamos que la lista está encabezada por su deseo de vivir en el vecindario Southwest Woods. Ningún otro lugar le parece bien. Lamentablemente, Southwest Woods es tan caro que lo único a lo que podría acceder es una casa lo suficientemente grande como para usted y su halcón, Mordecai, y ni hablar de su pareja y futuros hijos. Cuando se sienta a la mesa de la cocina con su pareja y su agente, con Mordecai encaramado en el hombro, su agente le pregunta por qué quiere vivir en ese vecindario en particular.

"A mí me encanta Southwest Woods", responde. "Es lo que siempre soñé". "¿Qué es lo que le gusta de Southwest Woods?", pregunta su agente. Si son las escuelas, por ejemplo, es posible que tenga que considerar otros factores. En este caso, su por qué es la educación, y fijar su domicilio en Southwest Woods sería una manera de acceder a ella. Pero, ¿acaso tienen hijos? Y si es así, ¿qué edad tienen?

Si no tiene hijos o si todavía son pequeños, no necesita preocuparse por buenas escuelas todavía. Como mínimo pasarán cinco años hasta que tenga un hijo en edad escolar. Dada la situación, podría plantearse si esta es la casa en la que espera vivir cuando ese deseo se convierta en una necesidad. De ser así, entonces puede ser que Southwest Woods sea su mejor opción. Si no, tal vez debería poner sus necesidades más inmediatas a la cabeza de la lista, como una casa con techos altos que Mordecai pueda disfrutar.

A medida que analice sus necesidades, asegúrese de separarlas entre necesidades inmediatas a corto plazo y necesidades futuras previstas, como por ejemplo espacio para cuando tenga hijos o emprenda un nuevo negocio desde su casa. En América del Norte, cerca de un 14 por ciento de la población tiende a mudarse cada año. Dicho de otro modo, según los datos del censo de EE.UU., en promedio cada persona se muda 11.7 veces en su vida. Eso significa mudarse aproximadamente cada siete años. Por lo tanto, es muy probable que algunos de sus deseos a largo plazo puedan desplazar los de la lista de necesidades a corto plazo. Usted y su agente deben comenzar su consulta hablando sobre sus valores.

Tenga claros sus criterios: Preguntas que plantear

Este es el punto en que muchos libros sobre compra de propiedades ofrecerían una lista exhaustiva de posibles condiciones y características que tomar en cuenta durante el proceso de compra de casa. Ese no es nuestro caso. Creemos que lo mejor es que se enfoque en las opciones del mercado local en lugar de dilucidar reglas categóricas que supuestamente se aplican a cualquier situación. Las reglas absolutas generalmente son difíciles y lentas, y nunca se aplican por igual en todas partes. En cambio, planteamos preguntas que lo ayuden a evaluar y priorizar lo que desea y necesita en su primera casa. Nuestra meta es ayudarlo a definir los criterios que lo ayudarán a encontrar una casa que satisfaga todas sus necesidades y la mayor cantidad posible de deseos.

1. ¿Cerca de dónde quiero que esté mi casa? ¿Cómo quiero que sea mi vecindario?

En lo que respecta a la ubicación, hay dos aspectos que considerar: el primero es la proximidad y el segundo es el carácter. "Proximidad" significa las áreas que son geográficamente deseables para usted: si están cerca de su trabajo, de sus amigos y familiares, de las escuelas y centros de servicios de la ciudad, entre otras cosas. Sin embargo, la ubicación también comprende el carácter: el tipo de casas, calles y parques que ofrece una zona determinada. Por ejemplo, a lo mejor usted prefiera un apartamento céntrico porque le gusta el bullicio de la vida urbana, y no porque la zona esté cerca de algo en particular, mientras que otra persona quizás quiera una casa más vieja y estaría dispuesta a buscar en cualquier parte de la ciudad, siempre que sea una zona histórica.

Por eso le aconsejamos que, cuando analice el tema de la ubicación con su agente, separe estos dos aspectos de modo que pueda priorizar mejor sus necesidades. Algunas personas aceptan gustosamente manejar más tiempo para ir al trabajo y así poder vivir en ese vecindario histórico en las colinas, mientras que otras prefieren viajar lo menos posible de modo que les quede más tiempo para disfrutar con su familia.

El agente Mike Duley, de Fayetteville, Arkansas, efectivamente explora las necesidades geográficas de sus compradores. "En realidad, depende de los objetivos a largo plazo de los clientes. Una propiedad que tiene más terreno puede ser una ventaja para los clientes que piensan tener más hijos o están buscando una residencia vacacional o de alquiler. Además, dado que la gente trabaja más desde la casa, también es importante tener en cuenta el acceso a Internet". A medida que hablan, Duley va conociendo las necesidades y los deseos específicos de los clientes, mientras que ellos van conociendo las realidades del mercado. A partir de este paso y con una perspectiva más clara, sus clientes pueden emprender una búsqueda más focalizada y tomar una decisión de compra con un mejor entendimiento.

2. ¿Cuánto espacio necesito? ¿Para qué necesito ese espacio?

Decir que usted quiere una casa de cuatro dormitorios no es suficiente. Una casa tipo rancho con cuatro dormitorios y 1,200 pies cuadrados construida en 1950 ofrecerá mucho menos espacio que una casa de cuatro dormitorios más moderna que, fácilmente, puede llegar a tener el doble de superficie. Una casa más pequeña puede ser un buen comienzo para una familia que está esperando su primer hijo. Sin embargo, no sería una buena opción si tiene previsto quedarse tanto tiempo allí que la falta de espacio afecte a su familia en expansión.

Si bien muchos consideran que el espacio está relacionado con la cantidad de dormitorios, es importante pensar concienzudamente en el uso que se le dará a ese espacio. Tal vez le guste recibir gente en casa, y un plano de planta bien amplio y abierto sea más importante que los dormitorios adicionales. O, tal vez, desee una habitación para instalar su oficina, en cuyo caso un sótano o garaje adaptado puede cumplir esa función de la misma manera que un dormitorio adicional. Por eso, la cuestión del tamaño tiene que ver no sólo con cuánto espacio necesita, sino también con el tipo de espacio que precisa.

5. ¿Qué es más importante, la ubicación o el tamaño?

Cuanto más lindo sea el vecindario, más caras serán las casas. Eso es algo bien sabido. En general, quienes compran una casa por primera vez tienen que lograr un equilibrio entre tamaño y ubicación. Quizás algunas personas prefieran una casa más pequeña en una zona más bonita, mientras que otras preferirían tener más espacio, aun cuando el vecindario no sea el más elegante de todos.

4. ¿Me interesa una casa para remodelarla?

Una manera de conseguir todo el espacio que busca en el vecindario de su agrado es comprar una vivienda para remodelarla. Transformar una propiedad venida a menos en algo que nos deje boquiabiertos puede ser económica y personalmente gratificante. Sin embargo, antes de agregar "en malas condiciones" a su lista de criterios, tiene que estar seguro de saber en lo que se mete. La cantidad de programas de televisión sobre remodelaciones de casas transmiten la idea de que renovar es una forma inteligente y asequible para conseguir la casa de sus sueños, pero no siempre es así.

Remodelar una casa no es necesariamente un buen negocio si al final termina gastando más dinero en las reparaciones que el que se ahorró en la compra. Adquirir una propiedad en mal estado puede ser un proceso más largo y complejo si tiene que buscar especialistas y pedir presupuestos para renovar la cocina, arreglar los cimientos o instalar pisos nuevos. La realidad es que hay una gran diferencia entre hacer pequeños cambios cosméticos, como pintar las paredes o colocar pisos, y hacer cambios estructurales más grandes. Si no tiene tiempo, paciencia ni talento para este tipo de proyecto, tal vez no le agrade el desafío de emprender estas mejoras.

5. ¿Qué tipo de vivienda debo comprar?

Alrededor del 83 por ciento de las viviendas que se venden son lo que los agentes denominan "residencia unifamiliar independiente". En pocas palabras, lo que la mayoría de la gente llama "una casa". Pero una casa no es la única opción disponible; también están las casas adosadas, tipo dúplex, los condominios y más. Sin importar dónde se encuentre o lo que sea que esté buscando, es probable que haya un tipo de casa que se ajuste perfectamente a su estilo de vida o finanzas (y ojalá que ambas). Quizás quiera considerar algunas de estas alternativas en lugar de la clásica casa unifamiliar.

Apartamento en un condominio

Muchas veces cuando la gente piensa en los condominios se imagina rascacielos céntricos. Sin embargo, el término **"condominio"** no se refiere a un tipo particular de construcción, sino que alude a una forma de propiedad compartida. Cuando usted compra un apartamento en un condominio, está comprando su propio espacio dentro de un edificio, y cuando decimos "espacio", nos referimos a eso mismo: los propietarios de condominios en realidad no son propietarios de las paredes, el suelo o el techo, sino que son dueños del espacio interior. Los costos de mantenimiento se comparten, y los dolores de cabeza de las tareas de mantenimiento son responsabilidad de un consejo de administración elegido por los miembros del condominio. Esto los hace ideales para la gente que quiere evitarse las molestias ocasionadas por el mantenimiento de una casa, que no les gusta el trabajo de jardinería o que simplemente les gusta la idea de pertenecer a una comunidad. Muchos condominios también tienen comodidades y atracciones como piscinas y parques infantiles que muchas casas unifamiliares no tienen. Y, aunque en promedio los condominios tienen un costo por pie cuadrado ligeramente superior al de las propiedades unifamiliares independientes, en muchas ciudades los condominios están entre las propiedades más asequibles del mercado.

Ciertamente, los apartamentos no son para todo el mundo. Por un lado, tienen normas, que usualmente se denominan "**disposiciones, códigos y restricciones**" (CC&R, por sus siglas en inglés), que varían entre las distintas comunidades y regulan cuestiones tales como la tenencia de mascotas, la cantidad de vehículos permitidos por propietario, lo que se puede guardar en el patio, o el ruido que puede hacer. Por eso, antes de decidirse por un condominio, asegúrese de que puede cumplir las normas. También, asegúrese de que entiende todo lo relacionado con las cuotas, las cuáles cubren el mantenimiento, el seguro general de la vivienda y las reparaciones de cosas como plomería o el techo, etc. Por lo general, las cuotas no son solo para cubrir un imprevisto, sino que suelen ser fijas y se cobran ya sea mensual o trimestralmente. Quizás esto no le parezca una molestia, pero el no tener que ocuparse del mantenimiento tiene también su contrapartida. El control que puede ejercer es limitado: si el resto de los miembros deciden dejar deteriorar la propiedad, no hay mucho que pueda hacer excepto tratar de vender antes de que sea demasiado tarde.

Casas en serie (townhouses)

Las casas en serie ofrecen muchos de los lujos de los apartamentos y casas unifamiliares. Son más grandes y suelen tener un patio pequeño (o no), y por lo general están ubicadas en áreas urbanas. Sin embargo, a diferencia de los condominios en los que, a menudo, el entorno es más parecido a un apartamento, las casas adosadas comparten paredes contiguas. Arquitectónicamente hablando, son simplemente viviendas unifamiliares dispuestas en forma condensada. Suelen ser de varios niveles, con sala de estar, comedor, la cocina en el primer piso y los dormitorios en el segundo o tercer piso.

Sin embargo, las casas en serie suelen tener menos comodidades comunes que los apartamentos. De modo que, si quiere algo con acceso a una piscina o una comunidad unida, quizás este tipo de casas no sea la mejor opción para usted. Pero si lo que quiere es superficie total equivalente a una casa, poco o ningún trabajo en el patio y una ubicación urbana, hay pocas opciones mejores. Sin embargo, muchos de estos tipos de hogares también exigen cuotas de asociación de propietarios **(HOA, por sus siglas en inglés)**. Eso significa que tendrá que pagar cuotas mensuales y seguir las reglas de la comunidad. En muchos casos, también significa que cualquier cambio que quiera hacer en el exterior de su casa o patio tendrá que ser aprobado por la asociación de propietarios.

Casas tipo dúplex y tríplex

Las casas tipo dúplex y tríplex pueden ser magníficas propiedades de inversión y son particularmente útiles si desea comprar y a la vez alquilar. Esencialmente, las casas tipo dúplex y tríplex son viviendas múltiples bajo un mismo un techo. Por lo tanto, si quiere comprar una propiedad y a la vez pagar su hipoteca más rápido o ganar más ingresos, esta sería una de las mejores opciones disponibles en el mercado. Por ejemplo, usted puede optar por vivir en una parte de la casa dúplex y alquilar la otra mitad. De esta manera, tiene a alguien que ayuda a cubrir su hipoteca, las cuotas de la asociación de propietarios y los servicios públicos.

Sin embargo, cuantas más unidades el edificio tenga, más se presta su construcción al beneficio de los inversores y no de los propietarios de viviendas. Las viviendas tipo tríplex y cuádruplex a menudo no son igual de coquetas, son más funcionales, y están diseñadas con la idea de atraer a inversionistas en lugar de propietarios que las usarán como residencia. Por lo tanto, tómese su tiempo si está pensando en adquirir una vivienda de múltiples unidades y mayor tamaño, y tenga en cuenta el esfuerzo para hacerla habitable para usted y los demás inquilinos. Como propietario, ¿qué nivel de responsabilidad está dispuesto a asumir? ¿Cuánto tiempo desea invertir en la propiedad? Si su inclinación se resume en menos tiempo, dinero o energía, entonces cuanto menos unidades mejor.

6. ¿Podría interesarme en construir una casa nueva?

Para algunos compradores, nada es mejor que una casa recién construida. Y a decir verdad, ¡lo bueno, si es doble, dos veces bueno! Las casas nuevas tienen las últimas características y diseños de espacios, así que no hay que preocuparse por electrodomésticos viejos o baños anticuados. A menudo son la mejor manera de aprovechar al máximo el espacio porque están construidas más lejos de la ciudad, donde hay más terreno disponible. En la mayoría de los casos, usted puede decorar la casa a su gusto, y los residenciales más nuevos a menudo incluyen otras comodidades adicionales que los vecindarios más antiguos no suelen tener, como piscina, parques, senderos para correr y portones de seguridad.

Aun así, las construcciones nuevas también presentan sus propias dificultades particulares. Al igual que los condominios, en Estados Unidos cerca del 80 por ciento de las casas de los nuevos proyectos residenciales requieren que los compradores sean miembros de la asociación de propietarios y paguen las cuotas correspondientes. Eso significa ajustarse a los términos de las disposiciones, códigos y restricciones estipulados. Muchas personas aprecian estas reglas porque protegen el valor conjunto de la propiedad al mantener el vecindario en buen estado y condiciones agradables. Sin embargo, algunos propietarios consideran que son algo estrictas y molestas: las disputas sobre las normas de las comunidades han terminado incluso en juicios por el derecho de un residente a colgar una bandera, instalar una casilla para el perro o colocar propaganda política, sólo para referir algunos ejemplos.

Si la prioridad absoluta es una casa para estrenar, este punto será lo que determinará su búsqueda de la ubicación adecuada. Cabe destacar que las casas más nuevas casi siempre están en las afueras de la ciudad, lo cual puede ser conveniente si trabaja en una oficina suburbana, pero puede resultar un tormento si trabaja en áreas céntricas. Además, esto tendría sus implicaciones si piensa mudarse. Al igual que los condominios que pierden su esplendor cuando se levanta un nuevo edificio justo al lado, a veces puede ser difícil vender una casa usada pero en buen estado si los compradores tienen la opción de adquirir una nueva en la flamante zona residencial más próxima.

7. ¿Cuáles son las características que necesito? ¿Qué tipo de comodidades me gustaría tener?

Su estilo de vida determina el tipo de características que usted debe tener en su casa. Si tiene cuatro hijos, *necesita* varios dormitorios; si tiene cuatro perros siberianos, *necesita* un patio grande. Tal vez necesite una sala de estar lo suficientemente amplia como para que quepa un piano de cola, puertas grandes para que pase una silla de ruedas, suficientes baños para las cajas sanitarias de todos los gatos y un garaje grande para la colección de coches antiguos. "Es importante entender quién estará disfrutando de la casa y cómo. Esto también incluye a los miembros de cuatro patas de la familia", como bien apunta Brady Sandahl. "Me encanta que los compradores saquen el tiempo y se muestren tal como son para yo entender cómo es su día a día. Esto me ayuda a ver cuáles son los desafíos que enfrentan o a qué comodidades o lujos están acostumbrados".

Analice lo que quiere y lo que necesita
en cuanto a características y comodidades de una casa

Características

- Antigüedad: ¿Prefiere propiedades históricas o más nuevas?
- Estilo: ¿Tiene alguna preferencia especial por casas tipo rancho o bungaló u otro estilo de construcción?
- Dormitorios: ¿Cuántos?
- Baños: ¿Cuántos? ¿Han sido renovados?
- Sala de estar y comedor: ¿Un diseño tradicional y formal o un esquema más abierto y moderno?
- Pisos: ¿Cuántos?
- Pies cuadrados: ¿Cuánto espacio?
- Cielorrasos: ¿De qué altura?
- Cocina: ¿De qué tamaño? ¿Recientemente renovada? ¿Abierta hacia otras habitaciones?
- Lugar para guardar cosas: ¿Armarios grandes, un cobertizo, un garaje extra grande?
- Estacionamiento: ¿Un garaje cerrado o abierto? ¿Capacidad para cuántos autos?
- Extras: ¿Ático o sótano?

Comodidades

- Oficina
- Sala de juegos/ gimnasio
- Sistema de seguridad
- Rociadores
- Taller/estudio
- Habitación de huéspedes con baño
- Chimenea
- Piscina
- Jacuzzi
- Acera
- Predio arbolado
- Patio, terraza o porche
- Cuarto de lavado

Figura 4.1

Las casas ofrecen una variedad asombrosa de características y comodidades: ¡eso es lo que hace que la búsqueda de la propiedad ideal sea tan divertido! La casa de sus sueños puede tener techos altos o pisos de madera, lujosas alfombras o grandes ventanales, una piscina o chimenea, encimeras clásicas o súper modernas. Pero a medida que se imagina las maravillas que quiere para su casa, nosotros queremos que se enfoque detenidamente en distinguir entre aquello que verdaderamente necesita (como, por ejemplo, los cuatro dormitorios) y las cosas de las que podría prescindir. La mayoría de las casas, sencillamente, no lo tendrán todo. Por lo tanto, tendrá que decidir qué es lo que más valora como punto de partida.

8. ¿Qué necesita tener mi casa en lo inmediato? ¿Para qué cosas requiere tener potencial?

Hay cosas que no puede cambiar en una propiedad, tales como la antigüedad o la ubicación, y hay otras cosas cuya modificación requiere mucho dinero, como el tamaño o la distribución. Sin embargo, usted puede hacer una miríada de cambios y alteraciones para crear su propio espacio personalizado. En lo que decide cuáles de sus deseos son necesidades verdaderas, recuerde que parte de la dicha de ser propietario de una casa es poder mejorarla cada vez más.

Entonces, algunas de sus necesidades serán cosas que la casa no necesariamente debe tener hoy, pero sí debe brindar la *posibilidad* de tenerlas en el futuro. Tal vez no necesita una casa con un patio exuberante parque, por ejemplo, pero sí necesita un jardín con buena iluminación y lugar para poner plantas. Tal vez no necesita un porche grande y cerrado precisamente ahora, pero sí necesita un diseño y un terreno en el que algún día pueda construir el porche o la terraza que desea. Por eso le sugerimos que haga una lista especial de necesidades potenciales que lo ayuden en su decisión.

9. De todos mis deseos y necesidades, ¿cuáles son los más importantes?

Como puede ver, tendrá que priorizar. Sus necesidades son lo primero, por supuesto, pero luego debe revisar sus deseos y decidir cuáles son los más importantes. El agente Lance Loken ofrece las siguientes pautas: "Antes de comprar una casa, los compradores deben tener en cuenta lo siguiente: ¿Esta casa cumple al menos con mis tres criterios principales y mi presupuesto?" Le sugerimos que no elimine nada de la lista, ya que a su agente le gustará estar atento a esas encimeras de cuarzo o bibliotecas empotradas que lo hacen suspirar. Pero primero debe concentrarse en lo "imprescindible" y luego en lo que "quiere tener" o lo que "sería bonito tener".

Los criterios de deseos y necesidades para su casa

1. Ubicación
2. Tamaño
3. Condición
4. Apreciación
5. Vecindario
6. Casa individual o condominio/en serie, dúplex o tríplex, de reventa o construcción nueva
7. Características y comodidades
8. Potencial para ampliaciones o mejoras

Kailey Humphries y su esposo, una pareja a la caza de su primera casa en Calgary, Alberta, tenían una necesidad excepcional de espacio. Junto con su agente, Debbie Komitsch, estuvieron buscando casas durante unos meses. Sabían que querían una casa en serie y, si bien podían hacer concesiones en ciertos aspectos, realmente necesitaban el mayor espacio libre posible para guardar cosas.

"Mi esposo y yo somos miembros del equipo nacional canadiense de bobsled, por eso tenemos mucho equipamiento deportivo y necesitamos lugar para guardarlo. Sabíamos que un garaje o un sótano era una necesidad imperiosa", recuerda Kailey. La siguiente prioridad después del espacio, era la ubicación. Dado que las instalaciones de entrenamiento y su lugar de trabajo están en la misma zona, no querían tener que viajar mucho a ninguno de estos sitios.

"No teníamos demasiadas exigencias en cuanto al tamaño, pero idealmente queríamos dos dormitorios, dos baños y un garaje para guardar cosas cerca del lugar en que entrenamos y trabajamos". Debbie les encontró la solución perfecta: una casa de 1,200 pies cuadrados con dos dormitorios, dos baños y medio y un garaje para un solo auto. "¡Y a sólo diez minutos de nuestro lugar de entrenamiento y trabajo!", dice Kailey.

Usted sabe lo que quiere y necesita... ¿Y ahora qué sigue?

Como se puede apreciar, hay muchos factores que tener en cuenta cuando establece sus criterios, pero aún después de decidir cuánto quiere gastar, qué busca y qué concesiones está dispuesto a hacer, hay algo más que debe saber: ¿qué sucede después? ¿Cuál será el proceso para buscar una casa y hacer una oferta?

Por eso, antes de terminar la consulta inicial, pregúntele a su agente cuáles son los pasos que debe cumplir para encontrar lo antes posible la casa que se ajuste a sus criterios y su calendario de acción. Eso significa preguntar lo siguiente:

- *¿Qué tipo de casa hay que buscar?* Pídale a su agente que le repita lo que usted está buscando, de modo que pueda clarificar los puntos confusos.
- *¿Cómo se nos notificará acerca de las propiedades que van apareciendo?* Puede recibir un mensaje de correo electrónico todos los días a través de una aplicación o portal, o quizás lo llamen por

teléfono algunas veces por semana. Consulte cómo y cuándo cabe esperar recibir novedades.

- *¿Cuáles son las reglas de nuestro mercado inmobiliario local?* Tiene que estar preparado para el proceso de formulación de ofertas antes de encontrar una casa que le guste. Esto es particularmente importante si está en un mercado competitivo donde puede ser preciso actuar con rapidez. (Consulte el capítulo 6 para obtener más información.)

La consulta con su agente lo prepara para enfrentar las reglas de su mercado

A medida que su agente lo ayuda a explorar lo que busca en una casa, aproveche la oportunidad para entender las reglas específicas de su mercado. Considere las siguientes preguntas:

1. ¿Cuán rápido se venden las casas dentro del nivel de precios que puede pagar?
2. ¿Qué clase de casas son las que más rápido se venden?
3. ¿Es probable que se dé una situación de múltiples ofertas?
4. ¿Qué tendría que incluir en una oferta para que sea aceptada más fácilmente?
5. ¿Qué clase de términos y condiciones se incluyen típicamente en un contrato? (En el capítulo 6 se explica detalladamente la formulación de ofertas.)

Ahora que ha hecho el arduo trabajo de analizar sus deseos y necesidades y establecer criterios para su búsqueda, está a punto de comenzar la parte más emocionante del proceso de compra: visitar casas.

Mientras usted y su agente comienzan a explorar casas e imaginar su vida futura allí, utilice el consejo en el capítulo siguiente para que encuentre ese hogar más fácilmente.

Puntos para recordar

- La mejor manera de determinar exactamente lo que está buscando es asesorarse muy bien con su agente. La casa ideal satisfará todas sus principales necesidades y la mayor cantidad de deseos posible.
- Las preguntas que debería hacerse incluyen:

  - ¿Cerca de dónde quiero que esté mi casa? ¿Cómo quiero que sea mi vecindario?
  - ¿Cuánto espacio necesito? ¿Para qué necesito ese espacio?
  - ¿Qué es más importante, la ubicación o el tamaño?
  - ¿Me interesa una casa para remodelarla?
  - ¿Qué tipo de vivienda debo comprar?
  - ¿Podría interesarme una casa para construirla?
  - ¿Cuáles son las características que necesito? ¿Qué tipo de comodidades y servicios me gustaría tener?
  - ¿Qué tiene que tener mi casa en lo inmediato? ¿Para qué cosas requiere tener potencial?
  - De todos mis deseos y necesidades, ¿cuáles son las más importantes?

LA PRIMERA CASA DE GARY GENTRY

Cuando pienso en mi infancia y mi familia a lo largo de los años, de inmediato me llegan a la mente las imágenes de los lugares en que vivimos. De bebé viví en una de las tres casas que mi abuelo construyó en un gran terreno de su propiedad en la pequeña ciudad de Henrietta, Texas. Mi abuelo era constructor y propietario de un aserradero, y mis padres le alquilaban la casa. Cuando tenía cuatro años, nos fuimos de Henrietta y nos mudamos a McKinney, Texas, y mis padres compraron su primera casa. Recuerdo vivamente a mi padre dándome una brocha para ayudarle a pintar esa casa. Como mi padre era piloto de la Fuerza Aérea, nos trasladamos frecuentemente de un lugar a otro durante mi niñez. Tan solo en cuarto grado asistí a la escuela en 4 lugares distintos: en San Francisco, California, en Waco, Texas,

---

Fotografía cortesía de la familia Gentry.

en West Palm Beach, Florida, y finalmente en Mountain Home, Idaho. Tener casa propia no siempre fue una opción para mis padres.

Mi esposa, Melondie, y yo nos hicimos novios en nuestra época universitaria. Después de graduarnos de la Universidad Baylor, nos quedamos en Waco, Texas y alquilamos un apartamento. Aunque ninguno de los dos ganaba gran cosa, sabíamos que queríamos comprar una casa. Aun así, pudimos ahorrar cada centavo del sueldo de Mel durante un par de años para completar el pago inicial.

La magnitud económica que implica la compra de una casa puede ser intimidante, pero no es un riesgo cuando usted está bien asesorado. Cuando llegó el momento de iniciar nuestra búsqueda de casas, encontramos una maravillosa agente inmobiliaria. De hecho, ella fue la persona que me inspiró a incursionar en mi propia carrera de bienes raíces. Ella nos ayudó a localizar exactamente lo que estábamos buscando: la casa más pequeña en el barrio más bonito. Nuestra primera casa en 3630 Chateau era exactamente eso.

En mi mente aún retengo la imagen de nuestra primera casa como si fuera un retrato. Era una casa de un piso con dos dormitorios y un patio grande y bonito que había sido construida en 1946. No era grande, solo unos 1,600 pies cuadrados, pero era del tamaño adecuado para nosotros y teníamos una idea de lo que podía dar. Cuando la compramos en 1976 por $33,000.00, pusimos el 30 por ciento de inicial y obtuvimos un préstamo a 20 años con un interés del 9 por ciento.

Algunos de mis recuerdos favoritos de esa casa se asocian con las remodelaciones que le hicimos. No teníamos mucho dinero, así que todo lo que había que hacerle lo aprendimos nosotros mismos. Lijamos, pintamos y pulimos los pisos de madera noble. Pintamos el interior de la casa, quitamos el empapelado, agrandamos los clósets, cubrimos un pasillo y actualizamos los baños y la cocina. Mel y yo convertimos esa casa en algo nuestro.

Nuestra primera casa era mucho más que una dirección postal; fue donde realmente nos convertimos en una familia. Todos nuestros recuerdos de familia en su etapa más joven son parte de ese hogar. Nuestras dos hijas nacieron mientras vivíamos allí. Recuerdo cuando cortaba la hierba mientras mi hija observaba desde un corral bajo los grandes árboles en el patio. Mel y yo todavía nos reímos cuando rememoramos el momento en que vimos a nuestra hija mayor enseñar a una amiga su juego, "Vamos a remodelar la casa", y se ponían a lijar pequeños trozos de madera con papel de lija.

La lección más grande que aprendimos con nuestra primera casa fue la de darnos cuenta de que una casa no sólo debe satisfacer nuestras necesidades emocionales y físicas, sino que también debe ser una gran inversión. Nuestra agente nos dio un buen servicio, enseñándonos sobre la importancia de la ubicación, la estructura de la casa y lo que hay alrededor de ella. Todo esto lo tomamos en consideración cuando compramos la casa en 3630 Chateau. Cuando la vendimos cuatro años más tarde ya había aumentado de valor, de $33,000.00 a $89,000.00. Le invertimos con nuestro sudor para ponerla en forma y obtener los beneficios económicos, ¡y esto fue mucho antes de que Chip y Joanna Gaines, del programa televisivo "Remodelación en pareja" [Fixer Upper], aparecieran en escena! Las lecciones positivas que aprendimos sobre la inversión nos acompañarán para siempre, al igual que nuestros maravillosos recuerdos familiares en nuestra primera casa.

Gary Gentry fue el primer agente inmobiliario de Keller Williams y cuenta con una vasta experiencia de varias décadas ayudando a miles de clientes a encontrar el hogar de sus sueños.

CAPÍTULO 5

BUSCAR CASA PROPIA

Buscar una casa se parece bastante a una cita amorosa: uno tiene una noción bastante clara de lo que sería un buen partido, pero nunca sabe exactamente cuándo quedará embelesado. Podría pasarse semanas explorando minuciosamente el mercado, o bien podría quedar deslumbrado en su primera visita. No importa lo que demore o cuantas paradas tenga el recorrido, conseguir la casa ideal para formular una oferta es un proceso que consta, esencialmente, de cuatro pasos:

1. Determine el tipo de casa que quiere ver.
2. Seleccione las casas que concuerdan con su criterio.
3. Elabore un sistema de clasificación.
4. Plantéese hacer una oferta.

Al finalizar, puede dar el quinto paso opcional de suspirar aliviado porque, una vez que usted y el vendedor acuerden un contrato definitivo, estará en la recta final.

Mientras tanto, usted está en una etapa muy emocionante de su recorrido para convertirse en propietario: buscar y encontrar casa.

Determine el tipo de casa que quiere ver

Como ya usted y su agente habrán hecho el trabajo de identificar sus criterios particulares, estará un paso más adelante cuando comience a discernir cuáles propiedades desea ver. Su agente, como profesional de bienes raíces, tendrá acceso al **Listado Múltiple de Casas en Venta** (MLS, por sus siglas en inglés). Este servicio actúa como un agregador de propiedades disponibles, y no está disponible para el público. El MLS detallará las características de una propiedad, su estado actual (si es un listado recién publicado o si está bajo contrato) así como su historial en el mercado. Este historial le serviría de ayuda a su agente al detallar cuánto tiempo ha estado la casa en el mercado, si ha tenido ofertas anteriores que no se concretaron o simplemente el número de propietarios que ha tenido la casa.

Con sus criterios particulares en mano, su agente puede automatizar los resultados de búsqueda para que usted reciba una alerta cuando nuevas propiedades que coincidan con su búsqueda lleguen al mercado, y luego se añaden a una colección en su aplicación de búsqueda de casa. Si ve algo que le gustaría visitar, póngase en contacto con su agente para decírselo. Cuanto más rápido se ponga en contacto con su agente, mejor, especialmente si se trata de un mercado que está en auge.

A pesar de que su agente está atento al mercado diligentemente, ¡mantenga los ojos muy abiertos al recorrer las rutas tanto reales como digitales! Al conducir por los vecindarios en los que quiere vivir, a lo mejor se da cuenta de alguna señal o letrero de "se vende" o "muy pronto a la venta" en frente de propiedades que no han llegado al listado de la MLS todavía o que simplemente hacen que su corazón palpite de emoción.

Para Erica Mass y su esposo Dave, un pequeño malentendido los llevó a descubrir su hogar perfecto en Austin, Texas. Después de que ella y su agente inmobiliario buscaron casas que se ajustaban a los criterios de su familia en aplicaciones móviles y a través de correos electrónicos automatizados, Erica y su esposo decidieron ir a una casa abierta que parecía prometedora, aunque por encima de su rango de precios. "Decidimos que íbamos a verla para mantener nuestras opciones abiertas Erica "ese sábado tenían un evento de puertas abiertas para mostrar la casa (o eso creíamos), así que nos aparecimos ese día con todo y nuestros hijos, justo en el momento en que se suponía que iba a empezar el evento. Estábamos todos de pie en el porche y tocamos el timbre. Entonces, un señor respondió a la puerta, descalzo y con ropa cómoda e informal. Toda su familia estaba detrás de él y nos miraba desde el sofá donde veían la televisión. Dijimos 'Hola... Estamos aquí por el evento de puertas abiertas', a lo que él respondió: '¡Oh, eso es mañana!' ¡Qué mortificada me sentí!

Nos reímos histéricamente de regreso al automóvil, pero cuando estábamos saliendo de la calle sin salida donde estaba la casa donde no se celebraba el evento, me fijé en un letrero que anunciaba 'muy pronto a la venta' y le grité a Dave que se detuviera".

Erica y su esposo se detuvieron, tomaron una foto de la casa que les había llamado la atención y le enviaron fotos del cartel a su agente, más la información del agente inmobiliario. Pudieron conseguir una visita para verla enseguida antes de que alguien pudiera hacer una oferta de compra. Después de ver la casa, estaban emocionados por lo perfectamente que la casa se ajustaba a sus criterios, pero querían darse tiempo para pensarlo bien antes de hacer una oferta. A la mañana siguiente, su agente los llamó y les dijo que alguien más había hecho una oferta y les aconsejó sobre cómo proceder para hacer que su oferta fuera competitiva. ¡Al día siguiente, su oferta fue aceptada! Por lo anterior Erica exclama, "¡Yupi por un final feliz!"

Por lo tanto, sea que circule por las calles o que busque en Internet para encontrar posibles casas, mantenga los ojos abiertos y se sorprenderá de lo que puede encontrar. En ambos casos, ponerse en contacto con su agente y comunicarle rápidamente estas opciones puede llevarlo por el camino del éxito, especialmente si tiene información de contacto disponible en letreros o enlaces a sitios web que enviar.

Seleccione las casas que concuerden con su criterio

Nada se compara con explorar casas por primera vez. Imagínese su primer día: usted se reúne con su agente, Cindy, para analizar la lista de casas que ella eligió del

Listado Múltiple de Casas en Venta (MLS) segun los criterios personales que usted indicó, más la lista de propiedades que usted vio navegando por la web, y luego se dirigen hacia la primera propiedad. Cindy abre la puerta e ingresan. Lo que sucede a continuación es un trabajo de equipo.

Lo que usted ve...

Acaba de llegar al número 123 de la calle Mockingbird Lane. De su búsqueda en línea, usted ya sabe que tiene tres dormitorios y dos baños, exactamente lo que buscaba. Desde la acera, se ve fantástica. En cuanto entra a la sala de estar, queda deslumbrado por la elegante chimenea de piedra. Dispone mentalmente, los muebles y decide que el sofá quedaría perfecto recostado de la pared lateral. Cuando llega a la cocina, ve que es abierta y amplia, pero también se pregunta si el espacio de las encimeras es suficiente para su intensa afición al arte culinario. Los dormitorios le parecen algo pequeños, pero el principal tiene un gran vestidor y una hermosa vista del jardín. Cuando vuelve a bajar, piensa que realmente le gusta pero, como es la primera casa que visita, no está del todo seguro.

Lo que usted ve...y lo que su agente sabe

SU TRABAJO es ver si la casa se ajusta a sus deseos y necesidades.

Preguntas que USTED responde:

1. ¿Tiene el espacio y el diseño adecuados para mi estilo de vida?
2. ¿Me aporta valor añadido?
3. ¿La ubicación es conveniente para llegar a mi trabajo y la escuela de mis hijos?
4. Tiene características y comodidades que me gustan?

El TRABAJO DE SU AGENTE es comparar la casa frente a las demás candidatas.

Preguntas que SU AGENTE responde:

1. ¿Hay diferencias en el tamaño y la distribución en comparación con otras casas de los alrededores?
2. ¿Posee algún valor añadido comparable al de las demás casas alrededor?
3. ¿El área donde está ubicada preservará su valor?
4. ¿Se observan señales de falta de mantenimiento o problemas estructurales?

Figura 5.1

Lo que su agente sabe

Como había visto la casa antes de mostrársela, Cindy sabe que la chimenea es hermosa, pero también sabe que la mayoría de las casas de esta zona tienen chimenea. Cuando recorrió la casa, buscó indicios de deterioro. Cindy no había visto manchas en el techo, y dedujo que no se habían producido goteras importantes. Sin embargo, había advertido algunas grietas pequeñas cerca de algunas ventanas, y una de las puertas se había atascado. Esto le indicaba que podría haber problemas de cimientos en el futuro. Sabe que el patio es más grande que la mayoría de los que hay cerca y tiene un jardín muy elaborado.

Intercambio de opiniones

Por encima de todo, su propiedad tiene que ser adecuada para usted, no importa cuán excéntricos o extravagantes sean sus gustos. Pero no olvide que algún día tendrá que venderle esta casa a otra persona y, mientras tanto, tendrá que ocuparse del mantenimiento.

Como comenta la agente Sarita Dua, de Portland, Oregon, "si bien el valor de reventa no debe ser la única consideración, si una casa cumple la mayoría de los requisitos del comprador y de muchos otros compradores potenciales, entonces es buena idea invertir en su primera casa".

Si su agente lo previene firmemente acerca de una casa en particular, le recomendamos que le preste atención. Por ejemplo, si hubiera decidido que la casa de Mockingbird Lane era la adecuada para usted, Cindy le hubiera advertido acerca de los problemas de cimientos que podrían surgir en algún momento y le habría sugerido que solicite una inspección antes de hacer una oferta. Aun si no le importa tener una o dos puertas que se atascan, tal vez sí sea un punto de interés para el próximo comprador.

A la larga, su relación con su agente se debe basar en la confianza. Ellos velan por usted y quieren ayudarle a tomar la mejor decisión posible. "Esperamos ser merecedores de un profundo nivel de confianza. Queremos que nuestros compradores sientan que los estamos cuidando en cada etapa del proceso. Eso significa que nuestros antiguos clientes y amigos y familiares depositan su confianza en nosotros con sus relaciones más preciadas", dice la agente Wendy Papasan. "Es un privilegio servir".

Lo que cuenta es lo que cuesta

Aunque las pequeñas reparaciones o renovaciones pueden sumar costos, su preocupación principal durante su recorrido de la casa son los daños estructurales. Este tipo de daños se refiere a la integridad de la propiedad y sus sistemas, como plomería, electricidad y otros más. Si hay algún problema estructural, podría ser por causa del agua, movimiento del terreno o mala construcción cuando se construyó la casa.

Algunas de las cosas que se deben tener en cuenta son:

1. Grietas o desmoronamiento en los cimientos. (Las microgrietas y fisuras delgadas no suelen ser un problema.)
2. Grietas irregulares o en sentido diagonal en el interior de la casa, especialmente en las ventanas o puertas.
3. Manchas de agua en los techos, pisos o paredes.
4. Las tejas desgastadas y descoloridas pueden significar que el techo necesita reparación. Si las tejas están dañadas, es posible que la superficie debajo también lo esté.
5. Las manchas en las paredes del sótano (o una nueva capa de pintura que quizás esté cubriendo manchas) sugieren daños por el agua que pueden causar problemas estructurales o de moho. Como mínimo, es un indicador de derrames o fugas persistentes en el sótano.

A medida que usted y su agente pasan a la fase de mirar casas, no tenga miedo de pedir que le muestren cualquier casa que, a su parecer, cumpla sus criterios. Sin embargo, no olvide que la razón por la que creó sus criterios fue justamente para ayudarle a obtener lo que desea. Su agente podrá guiarle en una búsqueda más definida, de modo que las casas que visite reflejen más fielmente sus deseos, para eliminar así la necesidad de visitar propiedades a diestra y siniestra. Como dice la agente April Florczyk, de Boise, Idaho, "buscar una casa consume muchísimo tiempo. Mi trabajo es ser consultora y aconsejar a los clientes a través del proceso. Si podemos ver menos casas pero asegurarnos de que esas casas realmente se ajusten a lo que necesita un comprador, estarán más felices".

El adagio de "trabaje sabiamente, no arduamente" se aplica también a la búsqueda de un hogar.

Refine la búsqueda a medida que avanza

Buscar casa es aprender, y todas las propiedades le enseñan algo nuevo. A medida que avanza en la búsqueda y adquiere mayor información, explote estos nuevos conocimientos para refinar continuamente sus criterios. Imagine, por ejemplo, que decidió ver casas en la zona de Mockingbird Lane porque es un lugar conveniente, aún cuando las casas son algo más pequeñas y antiguas de lo que le gustaría. Pero, después de ver una docena de casas en el área, se da cuenta de que, efectivamente, son demasiado pequeñas. Tal vez sea el momento de reorganizar sus prioridades y considerar una distancia de viaje más larga para acceder a una casa más grande y moderna. Estos tipos de ajustes son perfectamente normales y, en realidad, mejoran su búsqueda si los comparte con su agente y los usan para enfocarse mejor en la propiedad que más le conviene.

Algunos detalles para tener en cuenta

1. ¿Qué le parece el vecindario en diferentes momentos del día?
2. ¿Sabe cómo es el tránsito durante las horas pico?
3. ¿Cómo será la iluminación a distintas horas del día? (¿La casa es demasiado oscura o demasiado luminosa?)
4. ¿Cómo es el nivel de ruidos?
5. ¿La distribución de los espacios es fluida o tiene muchos recovecos y electrodomésticos y armarios mal ubicados?
6. ¿La disposición de la cocina es conveniente?
7. ¿Hay lugar suficiente para guardar cosas?
8. ¿Podrá acomodar sus muebles favoritos o está dispuesto a cambiarlos?

Después de uno o dos días mirando casas, puede ser difícil recordar cuáles eran las más atractivas y por qué. Además, después de ver varias casas en pocas horas, puede llegar a ser presa de una gran confusión. Una de las mejores cosas que puede hacer es crear un sistema que lo ayude a calificar, evaluar y recordar cada casa a medida que vaya avanzando. Por ejemplo, el agente Robert Colello, de San Diego, California, se sienta con sus clientes para crear un sistema de calificación. Cada día, Robert y su equipo les muestran a sus clientes entre tres y cinco casas y luego, al final de cada visita, les pide asignarle a cada casa una puntuación en una escala del 1 al 10, donde 1 es la puntuación más baja y 10 la más alta.

"Basados en la puntuación de cada casa, tomamos la decisión de formular una oferta o no," explica. "En mi presentación les planteo un acuerdo: si la propiedad tiene una puntuación por encima de ocho, entonces formulamos una oferta, porque la realidad es que no hay casas que sean un diez. La diferencia entre un ocho y un diez es pintura y alfombra". Por lo tanto, si una casa tiene un puntaje de ocho o más, en ese momento se formula la oferta. Esto previene que sus clientes se sientan abrumados por el mercado y crea un sistema rápido con el cual puedan evaluar una casa con más precisión.

**Un posible sistema de clasificación
para la compra de vivienda**

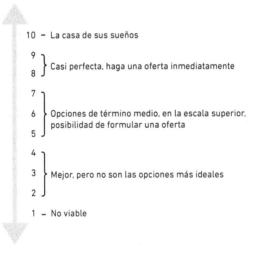

10 — La casa de sus sueños

9
8 } Casi perfecta, haga una oferta inmediatamente

7
6 } Opciones de término medio, en la escala superior,
5 } posibilidad de formular una oferta

4
3 } Mejor, pero no son las opciones más ideales
2

1 — No viable

Figura 5.2

Ya sea que use el sistema de Robert o decida crear un sistema propio, le sugerimos que tome notas en esta etapa. Utilice una aplicación móvil en el teléfono, tome fotos o simplemente lleve bolígrafo y papel para anotar y ayudarle a recordar cada casa con mayor claridad. Anote la dirección de cada casa que visite antes de salir del automóvil. Mientras recorre la casa, tome notas breves sobre las cosas que le gustan y no le gustan (incluidos los puntos preocupantes) y anote cualquier característica distintiva (por ejemplo, una casita de pájaros de color morado o una ventana con vitrales) que lo ayude a recordar después de un largo recorrido. ¡No olvide tomar fotos! Tomar fotos con el celular es una manera estupenda de llevar cuenta de las casas que ha visitado.

Al final del recorrido, puede volver a consultar sus notas y clasificar las propiedades según precio, tamaño, características, comodidades, estado, diseño y ubicación, entre otras cosas. Después de hacer esto unas cuantas veces, será más fácil saber cuáles casas se ajustan a sus necesidades y cuáles no. También quedará más claro cualquier punto que para usted no sea negociable y ayude a simplificar aún más el proceso. "Durante el recorrido de una casa, si hay algo que el comprador ha especificado como condición innegociable y no está ahí, se lo señalo inmediatamente", dice el agente Alex Helton, de Nashville, Tennessee. "También trato de concentrar la atención en dos o tres casas, de lo contrario, se vuelve confuso".

Comprar sin ver

En algunos mercados y para algunas casas, hay que estar preparado para entrar en acción a un ritmo más rápido que el que estamos describiendo. Si el mercado está en plena ebullición o si tiene que trasladarse rápidamente, como puede suceder en el ambiente militar, es posible que tenga que hacer una oferta sin haber visto la casa o a través de una visita virtual exclusivamente. Si bien es cierto que la búsqueda de una casa se parece a una cita amorosa, este sería el equivalente a una cita rápida con la ayuda de un asesor confiable.

Revise lo que anotó sobre cada casa. ¿Cuáles son las ventajas y las desventajas? ¿La casa se ajusta a los parámetros para formular una oferta o debe seguir buscando? Si tiene ante sí la candidata perfecta, entonces es hora de formular una oferta, lo cual trataremos en el siguiente capítulo.

Puntos para recordar

- Mantenga los ojos abiertos y a su agente informado mientras busca listados de venta.
- Fíjese primero en la integridad estructural y no se distraiga con las apariencias a nivel superficial.
- En la medida que vea más casas también irá aprendiendo, de manera que debe ir refinando sus prioridades al mismo compás.
- Tome notas y fotos; esto le ayudará a que las casas y sus características se mantengan frescas en su mente más adelante al momento de tomar decisiones.
- Visite *YourFirstHomeBook.com* para obtener hojas de trabajo y otros recursos útiles.

LA PRIMERA CASA DE JAY PAPASAN

Cuando vivíamos en la Ciudad de Nueva York, jamás se nos ocurrió comprar una casa y casi todo el que conocíamos alquilaba. Luego nos mudamos a Austin, Texas, donde empecé a trabajar para Keller Williams. Mo Anderson, nuestra directora general en ese entonces, nos dio una clase de orientación sobre estados de cuentas, activos y pasivos. Su interés en que desarrolláramos nuestra independencia financiera y aumentáramos nuestro patrimonio neto caló profundo en mí. De pronto, no comprar una casa ya no era una opción.

Aunque no sucedió de la noche a la mañana, pusimos manos a la obra inmediatamente. Mi esposa, Wendy, y yo comenzamos a pagar nuestra deuda universitaria y a ahorrar dinero para un pago inicial. Pero en cuanto empezamos a buscar, los acontecimientos se precipitaron

---

* Fotografía cortesía de la familia Papasan.

vertiginosamente. Siempre me habían dicho que uno se da cuenta de inmediato cuando encuentra la casa adecuada: es como conocer a la persona ideal y enamorarse.

Cuando vimos la casa por primera vez en Internet, no parecía nada prometedora. En la fotografía en blanco y negro, que había sido tomada con una iluminación horrible a través de una cerca alambrada, parecía una casa triste y apagada, pero estaba justo en el lugar perfecto: en South Austin, cerca de Zilker Park y Barton Springs. Era un vecindario clásico de Austin. También el precio era perfecto; sólo $5,000.00 por encima de nuestro presupuesto.

La casa se veía aun peor en persona que en la foto, con bloques de cemento color rosa pretendiendo ser estuco. No había una verdadera entrada para autos, simplemente trozos de cemento y grava, y esa espantosa cerca alambrada protegiendo un césped totalmente descuidado. Para colmo, ese día llovía. No obstante, tan pronto abrimos la puerta principal y entramos a la casa, le dije a Wendy: "es ésta".

Ese pequeño bungaló tenía todo lo que nosotros valorábamos: ubicación, distribución e iluminación. Los dueños anteriores habían agregado una hermosa habitación en la parte de atrás con muchas ventanas. De inmediato la bautizamos el "solárium".

Aún cuando sabía que esta casa era la ideal para nosotros, nos obligamos a ver otras cuatro ese mismo día. A las 9:45 de la noche llamamos a nuestro agente inmobiliario e hicimos una oferta: la compramos por $175,000.00.

Mi suegro es un hombre muy diestro para todo, y Wendy también es bastante habilidosa. Él nos ayudó a

Instalar el fregadero nuevo y el triturador de desechos en la cocina. Wendy y yo pintamos la casa en colores pasteles brillantes, hicimos un sendero de piedras y renovamos los pisos. Quitamos la cerca alambrada, salvo por el portón que tenía dos pequeños leones de metal en la parte superior, que se convirtieron en el centro de nuestro jardín. Mi abuela en Mississippi, apodada "la jardinera", nos regaló lirios y malvarrosas. En muy poco tiempo ese pequeño bungaló rosado lucía encantador.

Cuando pienso en esa primera casa, vienen a mi memoria las agradables cenas y el tiempo compartido con amigos en el patio. Guardamos preciosos recuerdos del trabajo que hicimos juntos para mejorarla. Pasamos tres felices años allí hasta que llegó Gus, nuestro primogénito, y tuvimos que buscar algo más grande.

Aún conservamos esa casa y la tenemos alquilada. A Wendy le encanta mostrársela a los futuros inquilinos. Dice que es fácil vender algo que realmente te gusta. ¿Lo mejor de todo? Esa simpática casita por la que pagamos $175,000.00 se revalorizó y en sólo cinco años llegó a valer $325,000.00.

Aunque no lo planeamos de esa manera, resultó ser una gran inversión. Como dice Wendy, "es la mejor inversión que hicimos sin proponérnoslo".

Jay Papasan es vicepresidente de contenido estratégico de Keller Williams Realty.

CAPÍTULO 6

HACER UNA OFERTA

"Empecé a hablar con mi cliente, Merina, hace un par de años sobre la compra de una casa, después de que se graduara de la universidad y consiguiera un buen trabajo. Me volvió a contactar hace unos meses y me comentó que su deseo era ese precisamente", recuerda el agente Josh Stern, de Salt Lake City, Utah. Sin embargo, en medio de un mercado competitivo, eso significaba que no había muchas casas de calidad que se ajustaran a las necesidades y deseos de Merina. "Tuve que mostrarle las casas que se habían vendido en los últimos treinta días y se ajustaban a sus criterios, porque las que estaban dentro de su área o rango de precios seguían activas por una razón: no eran buenas propiedades por ese precio".

Después de analizar sus opciones y repasar una serie de propiedades, Merina y Josh finalmente encontraron tres casas que se ajustaban a sus criterios, pero las tres ya tenían ofertas debido al mercado competitivo. "Las primeras dos ofertas fueron rechazadas. La tercera casa, sin embargo, eligió nuestra oferta. No porque hayamos sido la oferta más alta, sino porque acordamos dejar que el vendedor viviera en la propiedad después del cierre durante treinta días *sin ningún costo*", dice Josh. "La vendedora era una señora mayor que necesitaba tiempo para mudarse a su siguiente vivienda. Aunque nuestra oferta no era la más alta, cumplió las necesidades tanto del comprador como del vendedor. Merina no cabía en sí misma de alegría".

La historia de Josh ilustra dos verdades generales acerca del proceso de compra de una vivienda. En primer lugar, es importante recordar que no todo se refiere al precio. A veces, obtener una oferta ganadora significa arribar a los términos más convenientes con el vendedor. Cuando usted encuentra la casa ideal, es importante analizar y asegurarse de hacer una oferta que beneficie a ambas partes. En segundo lugar, si su oferta no gana, habrá otra oportunidad más adelante.

Formule una buena oferta

Mientras buscaba la casa de sus sueños, usted era simplemente eso: un soñador. Era preciso ser romántico, escuchar las propias emociones y dejarse enamorar. Sin embargo, cuando llega el momento de hacer una oferta, usted asume el rol de una persona de negocios. Tiene que encarar este proceso con serenidad y una perspectiva realista sobre el mercado. Los tres componentes básicos de su oferta son el precio, los términos y las contingencias (o "condiciones" en Canadá).

Los tres componentes de una oferta

1. Precio
2. Términos
3. Contingencias

1. Precio

La mayoría de las cosas que compramos tienen un precio fijo que no es negociable. Por lo regular, no se puede ir a una tienda por departamentos y convencer al dependiente de que le venda una sartén por debajo del precio de la tienda. Ahora bien, de manera similar que los automóviles, los precios de las casas se pueden negociar, y eso es justamente parte de la diversión de comprar una casa.

Dicho esto, una de las ideas erróneas más comunes que los compradores tienen sobre el proceso de compra de una propiedad es pensar que se supone que hagan una oferta por debajo del precio de lista y luego regateen hasta alcanzar un punto medio. Esta es una estrategia que puede funcionar a su favor en los mercados con poco movimiento, pero en aquellos con mucho movimiento, puede crearle problemas. La agente Jennifer Barnes trabajó en una ocasión con un empresario joven y muy exitoso que estaba decidido a encontrar "un buen negocio", lo cual significaba pagar bastante por debajo del precio de venta. No obstante, en su búsqueda de un buen negocio, encontró una casa que le encantó. De todas maneras, ofreció un precio muy por debajo, es decir $120,000.00 por debajo de los $795,000.00 que pedían los dueños. Los vendedores no sólo rechazaron su oferta, sino que se negaron a volver a tratar con él.

"Tardaron ocho meses en vender la casa, pero no querían saber nada de este individuo", cuenta Jennifer. "Ese es el riesgo que se corre cuando se hace una oferta muy baja. Los vendedores podrían ofenderse, hasta el punto de que no les interese tu dinero sin más". Formular una oferta competitiva es, ante todo, un asunto de qué y cómo negociar, lo cual a su vez requiere entender la fórmula para ponerle el precio a una casa.

El precio correcto refleja justamente el valor de mercado de la casa que usted desea comprar. Para encontrar este precio, su agente prepara un **análisis competitivo del mercado (CMA, por sus siglas en inglés)**, que es un conjunto de casas recientemente vendidas que se asemejan a la que usted desea en términos de tamaño, condición, ubicación y comodidades. Estos registros también se denominan datos o propiedades "comparables" (o "*comps*"). La mejor información del mercado será la que obtenga a partir de las casas que más se parezcan a la que busca. La propiedad comparable perfecta sería aquella que fuera idéntica a la casa de sus sueños, situada justo al lado y se hubiese vendido hoy en la mañana. No es tan fácil hallar la propiedad comparable perfecta, y es por eso que formular una oferta competitiva es más un arte que una ciencia.

El conjunto de propiedades comparables le permitirá determinar un costo promedio por pie cuadrado, lo cual constituye la base para hacer una oferta competitiva. Por ejemplo, imagine que, en promedio, las casas de tres dormitorios de Oak Knoll se vendieron a cerca de $130 por pie cuadrado el mes pasado. Las casas más bonitas se vendieron a aproximadamente $135 por pie cuadrado, mientras que las que necesitaban algunas remodelaciones se vendieron a $115 por pie cuadrado. Dentro de esos límites, tendrá que decidir cuál casa se ajusta a lo que usted quiere. ¿Hay que hacerle renovaciones? ¿Está en una de las calles más transitadas del vecindario? En ese caso, un precio justo probablemente estaría en la franja más baja. Por otro lado, si tiene un baño adicional, el sótano terminado o ha recibido un mantenimiento espectacular, tal vez tenga que ofrecer un poco más.

Análisis de precios

Bienvenido a The Grasslands, un tranquilo vecindario construido en los años sesenta. La mayoría de las casas del lugar tienen 3 dormitorios, una superficie de entre 1,500 y 1,750 pies cuadrados y se han vendido por un precio que oscila entre $200,000 y $250,000. Si desea hacer una oferta de compra para la casa en el 345 de Cardinal Lane, ¿cuánto debería ofrecer?

123 Eagle Pass	345 Cardinal Lane	223 Robin Lane
• Tres dormitorios	• Tres dormitorios	• Tres dormitorios
• 1.5 baños	• 2 baños	• 2.5 baños
• 1,550 pies cuadrados	• 1,650 pies cuadrados	• 1,725 pies cuadrados
• Sin actualizaciones recientes	• Actualizaciones sencillas	• Actualizaciones de lujo
Vendida la semana pasada por $129/pie cuadrado o $200,000	**Usted ofrece $136/pie cuadrado o $225,000**	**Vendida la semana pasada por $145/pie cuadrado o $250,000**

Figura 6.1

En cualquiera de los casos, recuerde que estamos hablando de un valor por encima o por debajo del *promedio* y no necesariamente por encima o por debajo de lo que pide el vendedor. Los vendedores perspicaces atraviesan un proceso similar de comparación para ponerles un precio justo a sus casas. Si sus cálculos y los del vendedor coinciden, seguramente la oferta rondará el precio de venta. Pero, si su análisis revela que la propiedad está sobrevaluada, no dude en ofrecer menos.

Cuando emprendieron la compra de su primera casa, Melissa Robertson y su esposo buscaron durante unos tres meses, pero debido a que querían una casa de un piso en una parte específica de Austin, sus opciones eran limitadas. "Vimos unas seis o siete casas", adelanta. "Hicimos una oferta, pero escogieron otra. La casa que compramos fue nuestra segunda oferta. Aunque estaba sobrevaluada en unos $25,000.00, estaba en una zona popular, así que el precio se justificaba y como quiera se ajustaba a nuestro presupuesto. Nuestro agente nos ayudó a determinar un buen precio que se ajustara a nuestro presupuesto y que a la vez fuera justo y razonable para el vendedor".

Como demuestra esta historia, siempre es importante tener en cuenta las realidades del mercado. Lo importante es entender el *tipo* de mercado del momento.

Mercado a favor del vendedor o del comprador
Dependiendo del momento en que usted esté comprando una casa, podría encontrarse en un mercado favorable a los compradores o a los vendedores, y esos dos mercados inciden directamente en su proceso de compra de una casa. Un mercado favorable a los compradores es cuando la oferta supera a la demanda. Es decir, hay más casas en el mercado que gente que quiera comprar. En este caso, como comprador usted tiene más margen al momento de negociar precios porque tiene más opciones.

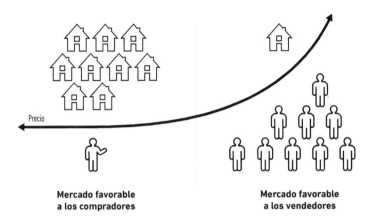

Mercado favorable a los compradores vs. mercado favorable a los vendedores

Precio

Mercado favorable
a los compradores

Mercado favorable
a los vendedores

Figura 6.2

En cambio, el mercado favorable a los vendedores es cuando hay más demanda que oferta. En este caso, hay más gente que busca comprar una casa que casas disponibles para comprar. Esto le da ventaja al vendedor, puesto que es muy probable que reciba múltiples ofertas de compra. En estos tipos de mercados, es posible que tenga que formular varias ofertas a la vez, dedicar más tiempo a negociar ofertas y ser más complaciente con las ofertas que haga.

Si se encuentra en una situación en la que se presentan varias ofertas y realmente le gusta la propiedad, puede optar por ofrecer un poco más de lo que ofrecería en un mercado menos competitivo. Ofrecer un poco más de dinero bien podría valer la pena para garantizar que su oferta sea aceptada. "A veces, la gente se empecina tanto en hacer una oferta baja que pierden la casa que realmente quieren", plantea la agente Linda McKissack de Dallas, Texas. "Detesto verlos tan decepcionados cuando cinco mil dólares hubieran cambiado totalmente la historia".

Un mercado favorable a los vendedores también significa que tiene que ser más firme y proactivo cuando se trata de elegir una casa y hacer una oferta, o podría terminar en medio de un escenario con múltiples ofertas viniendo de todas partes. Si Steve y Denise, de Austin, Texas, no hubieran actuado con decisión, sus planes se habrían malogrado en el escenario de múltiples ofertas que les tocó vivir. Se iban a casar próximamente y decidieron comprar una casa en la que Steve se mudaría antes de la boda. Cuando su agente, Gary Keller, los llevó a ver la primera casa, fue amor a primera vista. Pero después, Denise le apretó el brazo a Steve y le dijo, "Y pensar que tan solo es la primera casa que vemos".

En un mercado favorable a los compradores quizás hubiera sido beneficioso seguir mirando otras casas, pero tenían un presupuesto restringido y tenían ante sí un mercado favorable a los vendedores, lo que los puso en una situación de desventaja inmediata. Gary sabía que si esta casa les había gustado y se ajustaba a su presupuesto, debían hacer una oferta rápidamente o correrían el riesgo de perderla. Después de sentarse y analizar sus opciones con ellos, Gary pudo convencer a la pareja para que hiciera una oferta.

Se pusieron de acuerdo en el precio, hicieron una oferta y se convirtieron en los nuevos dueños de la casa. Durante años, Gary, Steve y Denise recordaron esta experiencia. Se sentían orgullosos de su inteligente y valiente decisión de comprarla en el acto, y coincidían en que no hubiera sido posible si Gary no los hubiera ayudado a poner sus prioridades en claro.

Formular varias ofertas distintas

Si el mercado es muy competitivo y hay varias casas que le gustan, quizás lo mejor para usted sería hacer múltiples ofertas a la vez. Aunque puede que parezca un tanto problemático (pues no querrá verse obligado en términos financieros por tres casas distintas), la realidad es que hacer una oferta no implica obligación alguna de compra, aun si el vendedor acepta la oferta. Se trata simplemente de una oferta. En esta parte del proceso nada es definitivo ni obligatorio. Si tiene más preguntas, asegúrese de consultar con su agente.

2. Términos

La oferta por una propiedad abarca mucho más que el precio. Usted tiene que acordar con el vendedor una serie de detalles, tales como la fecha de cierre, si el vendedor conservará algún elemento de la casa (por ejemplo, cortinas o electrodomésticos), y quién se hará cargo de los **costos de cierre**. (Sin embargo, en Canadá, los compradores siempre pagan los costos de cierre.) Estos factores se denominan **términos**, y les brindan mayor flexibilidad al comprador y al vendedor para lograr un acuerdo en el que todos ganen. Cuando se trata de los términos, recuerde que todo es negociable. Sin embargo, los distintos mercados tienen reglas informales que se aplican a todo aquello que se les puede pedir a los vendedores. Su agente le comunicará las probables expectativas del vendedor, además de las ventajas y desventajas de desviarse de las reglas del mercado. Los seis términos básicos en toda oferta por la compra de un bien raíz son: plazos, traspasos, comisión, costos de cierre, garantía para la vivienda y depósito de buena fe.

Plazos

Como comprador de una casa por primera vez, tiene que fijar un día de cierre y, entre un capítulo y otro de *The Bachelor*, tiene que hacer los arreglos necesarios para cuestiones relacionadas con la mudanza, el trabajo, la escuela, la rescisión del contrato de alquiler y el plazo indicado en la aprobación previa del préstamo. El vendedor está en una situación aún peor porque tiene que vender su casa y al mismo tiempo comprar una nueva. Para ayudar a mantener a todos enfocados, su contrato establece un cronograma para una serie de eventos que deben efectuarse antes del cierre. Si su agente lo redacta claramente, las cosas fluirán sin inconvenientes, tanto para usted como para el vendedor. En la mayoría de los contratos, los puntos principales son los siguientes:

- *Plazo de respuesta* (o "cláusula irrevocable" en Canadá): Este es el período en el cual el vendedor tiene que responder a su oferta y, usualmente, es de unos pocos días.

- *Cláusulas de contingencias o de venta sujeta a condiciones*: Estas son cláusulas que impiden que un contrato se vuelva vinculante y protegen al comprador hasta que se inspeccione la propiedad, se verifique el título y se apruebe la financiación. Las cláusulas generales son: cláusula de venta sujeta a inspección, cláusula de venta sujeta al título negociable de propiedad y cláusula de venta sujeta a aprobación financiera. De esa manera, si la

Inspección de la propiedad revela que es preciso realizar reparaciones imprevistas de importancia, o si el comprador no puede obtener financiamiento, estas cláusulas permiten que el comprador abandone la transacción. Estas cláusulas de contingencias se analizan detalladamente más adelante en este capítulo.

- *Fecha de vencimiento* (o "fecha de requisición" en Canadá): Es el día anterior a la fecha en que debe cerrarse el acuerdo. En general, tiene lugar entre treinta y sesenta días después de la aceptación del contrato. Si usted o el vendedor no tienen todo listo para el cierre antes de la fecha de vencimiento, cabe la posibilidad de prorrogar el contrato. No obstante, como ninguno está obligado a aceptar la prórroga, cualquier demora puede poner fin al acuerdo.

- *Fecha de cierre* (o "fecha de finalización" en Canadá): La fecha de cierre es el día en que la propiedad del inmueble pasa oficialmente del comprador al vendedor. El comprador paga al vendedor y, a su vez, el título es transferido al comprador.

- *Fecha de ocupación* (o "fecha de posesión" en Canadá): Es el día en que puede mudarse. Normalmente, los compradores quieren ocupar la vivienda el día de cierre (o al día siguiente, en cuanto se acrediten oficialmente los fondos). También es probable que los vendedores quieran quedarse en la casa después del cierre porque esto les da más flexibilidad para disponer la compra de su próxima casa. Sin embargo, por motivos de responsabilidad legal, la mayoría de los agentes recomienda no aceptar este tipo de transacción de "cesión-alquiler".

¿Debería permitir una venta con arrendamiento posterior al vendedor?

A veces, los vendedores ofrecen pagar alquiler por la casa que están vendiendo y así permanecer en ella después del cierre. Esto se denomina "venta con arrendamiento posterior". Este tipo de acuerdo permite que los vendedores coordinen su mudanza o se aseguren de vender su casa antes de firmar el contrato de la propiedad que quieren comprar. Sin embargo, este tipo de acuerdo implica algunos riesgos para los compradores.

Por lo pronto, puede dar lugar a posibles reparaciones futuras o retrasos en la mudanza, por mencionar algunos. Ahora bien, eso no significa que deba desechar la idea por completo. Por ejemplo, si se encuentra en un mercado favorable a los vendedores, permitir que los vendedores se queden por más tiempo podría ayudarle a cerrar el acuerdo. Procure ser inteligente; hable con su agente y asegúrese de que cualquier acuerdo al que arribe esté explícita y formalmente escrito en su oferta y contrato. De esta forma, ambas partes tendrán protección jurídica.

Traspasos

Los traspasos son los artículos que permanecen en la vivienda cuando el vendedor la deja. En general, todo lo que no esté incorporado de manera permanente a la vivienda se considera propiedad personal y se va con el vendedor, a diferencia de la "propiedad inmueble" o las instalaciones fijas que quedan. Pero, ¿qué sucede con las fantásticas persianas que quedan tan bien en el ventanal? ¿Qué sucede con el carísimo refrigerador de acero inoxidable o la araña de techo antigua del comedor?

Los formularios contractuales estándar que se usan en su zona seguramente incluyen los elementos que suelen quedar en una casa. Además, en su declaración, el vendedor suele indicar las cosas que desea conservar. Sin embargo, todo es negociable. Si quiere algo que no sea una pared, un techo o un piso y no está mencionado en el contrato, puede incluirlo en los formularios. A modo de ejemplo, tal vez la mesa del comedor sea tan singular que no quiera prescindir de ella, o quizás le gustaría quedarse con el tractor del vendedor si se trata de una propiedad rural. Háblelo con su agente, quien a su vez se encargará de presentarle el tema al agente del vendedor. A lo mejor esté dispuesto a dejárselo gratis, o quizás quiera dejarle el tractor por un monto determinado o en lugar de una reparación.

Ahora bien, los vendedores siempre tienen la opción de decir que no: el secreto está en negociar, no en plantear exigencias. Si tiene dudas sobre los elementos que sí se quedarán en la casa, lo mejor es simplemente hablar, transmitir sus deseos y esperar la respuesta.

Comisión

La **comisión** de bienes raíces, u honorarios, se utiliza tanto para el agente que trabaja con el vendedor como para el agente que trabaja con el comprador. En general, con el dinero de la venta, el vendedor paga la comisión, a menos que el comprador haya acordado pagarle a su agente por separado.

Costos de cierre

Casi siempre, los compradores pagan sus propios costos de cierre, pero si no tiene suficiente dinero en efectivo y quiere que el vendedor se haga cargo enteramente de estos costos (lo cual es poco común) o que lo ayude a incluirlos en el monto del préstamo (lo cual sí es más común), tiene que especificarlo en el contrato.

Garantía para la vivienda

En muchas zonas, es común que los vendedores ofrezcan una **garantía para la vivienda** con validez de un año Las garantías para la vivienda son distintas del seguro sobre la propiedad, que lo protege de siniestros graves e imprevistos, tales como incendio o robo. Las garantías, por otro lado, cubren las reparaciones o el reemplazo de electrodomésticos y estructuras principales, tales como techos, plomería, revestimiento exterior o instalación eléctrica. Lea atentamente la garantía para verificar que incluya todo aquello que usted quiere que cubra. Si espera para incluir nuevos elementos, probablemente tenga que hacer inspeccionar de nuevo la propiedad por un profesional, ya que las empresas que suscriben garantías no quieren que usted espere a que algo se rompa para decidir incluirlo en la cobertura.

Depósito de buena fe

El depósito de buena fe, también denominado simplemente depósito, protege a los vendedores de la posibilidad de que el comprador se eche atrás de forma imprevista. Si está en un mercado competitivo, un depósito por una suma importante de dinero puede convencer a los vendedores de que *realmente* le interesa llegar a un acuerdo. Habitualmente, el depósito de buena fe es un porcentaje del precio del inmueble; se deposita en una cuenta de reserva y forma parte del pago inicial cuando llega el momento del cierre. Si nunca se efectúa el cierre debido a un error, omisión o decisión de su parte, es probable que pierda ese dinero. (En Canadá, el depósito de buena fe se coloca en una cuenta de fideicomiso para bienes raíces. Los compradores que deciden no seguir adelante con la transacción se enfrentan a mayores obligaciones que en Estados Unidos. Consulte con su agente para obtener más información.)

3. Contingencias

Imagine que firma el contrato y, dos días antes del cierre, el vendedor deja una vela encendida y se produce un incendio que destruye la mitad de la casa. ¿De todos modos quiere comprar la propiedad conforme al precio y los términos estipulados en el contrato inicial? ¡Por supuesto que no! Este es el motivo por el cual la mayoría de los contratos incluyen condiciones o cláusulas de contingencias, que le permiten rescindir el acuerdo si la casa presenta un problema que no existía previamente o que usted desconocía cuando firmó el contrato. Nuevamente, el texto contractual estándar varía de un lugar a otro, de modo que cuando se redacte el contrato, cerciórese de consultar a su agente para verificar qué cláusulas están incluidas y cuáles tiene que incorporar para su caso en particular. A continuación se definen las contingencias más comunes que la mayoría de los contratos de bienes raíces incluyen:

Inspecciones

Una cláusula de contingencia sobre inspecciones lo protege de pagar un monto excesivo por una vivienda que oculta problemas graves. Por ejemplo, imagine que suscribe un contrato para comprar una casa por $335,000.00, y luego, una semana más tarde, una inspección de la propiedad (ver detalles en el capítulo 7) detecta que su espléndido aspecto ocultaba un cableado eléctrico obsoleto, plomería que no funcionaba, y una infestación de animalitos extraterrestres que acaban con todo después de la medianoche. ¿Sigue dispuesto a pagar $335,000.00? De hecho, ¿le interesa comprarla después de todo? Una cláusula de contingencia sobre inspecciones le permite renegociar el contrato o desistir de este.

Financiación

Fundamentalmente, la cláusula de contingencia sobre financiación le permite rescindir el contrato si no reúne los requisitos para obtener un préstamo hipotecario. Además, evita que se vea obligado a aceptar una hipoteca desfavorable si se pretende aplicar a su préstamo un interés superior al prometido. Por ejemplo, una cláusula de contingencia sobre financiación puede establecer que el contrato esté sujeto a que usted consiga "una hipoteca de $350,000 a 30 años a una tasa no superior al 4 por ciento". Si el único préstamo al que puede acceder es al 5 por ciento de interés, legalmente puede rescindir el contrato. Si bien un 1 o incluso un 0.5 por ciento puede no parecer gran cosa, podría ser la diferencia entre permitirse una que otra salida nocturna en la ciudad o muchos sábados en casa con pizza congelada.

Tasación

En algunos estados, la cláusula de contingencia de tasación es un requisito. Una cláusula de contingencia de tasación garantiza que la casa será tasada profesionalmente, y usted sólo comprará si el valor de la tasación es por lo menos igual al precio que acordó pagar por la casa. En esencia, esta cláusula lo protege de pagar de más por una casa valorada en un precio menor al que acordó pagar por ella, y protege al prestamista de desembolsar un préstamo mayor que el valor de la casa. Dependiendo del estado, esta cláusula podría estar vinculada a la cláusula de contingencia sobre financiamiento, pero no siempre es así en todas partes, así que consulte con su agente. Como siempre, su agente le mantendrá informado al respecto

Título de propiedad carente de defectos

Así como algunas viviendas ocultan defectos físicos, otras ocultan problemas legales. Una cláusula de contingencia sobre título de propiedad carente de defectos lo exime de tener que comprar una casa cuya titularidad sea incierta o que esté sujeta a un gravamen para saldar deudas de los vendedores. Esto se explica en el capítulo 7.

Seguro

¿Su hogar ideal está en un área propensa a inundaciones y otros desastres naturales? Si es así, es posible que requiera un comprobante de seguro contra riesgos. Si resulta que la casa está demasiado expuesta a riesgos y, por lo tanto, no califica para cobertura de seguro, esto le permite abandonar el acuerdo sin ningún inconveniente.

Estado al momento de la entrega

Un buen contrato exige que los vendedores entreguen la casa desocupada y en buen estado (sin cajas de *pizza* desparramadas ni periódicos viejos). Esto evita que un vendedor estresado deje basura o muebles viejos que no tiene ganas de llevarse. También es lo que lo protege en caso de que suceda algo grave con la casa (por ejemplo, un incendio) antes del cierre.

Restricciones relativas a la comunidad

Muchas viviendas (en especial en urbanizaciones nuevas) están situadas en vecindarios que exigen la participación en una asociación de propietarios. Considere incluir una cláusula de contingencia que le permita analizar y decidir sobre las disposiciones y restricciones de la comunidad, y donde se prevea la posibilidad de rescindir el contrato si no está de acuerdo con las condiciones. Por ejemplo, si las cuotas de la asociación son excesivas o el vecindario impone reglas que usted no acepta, entonces no tendría que proseguir con la compra.

Arribar a un acuerdo

Una vez que usted y su agente redacten el contrato, su agente se lo presentará al agente del vendedor. Si su oferta es muy buena, es posible que el vendedor acepte inmediatamente, de lo contrario, llegó la hora de empezar a negociar. El vendedor formulará una contraoferta que, por ejemplo, solicite una fecha de cierre más cercana y un precio ligeramente más alto. Entonces, nuevamente le corresponde a usted dar el próximo paso y decidir si acepta los cambios o si quiere plantear una nueva contraoferta.

Si la idea de negociar lo pone nervioso, no se preocupe; no tiene que negociar directamente con el vendedor. Por el contrario, será su agente quien hable con el agente del vendedor, transformándose en una especie de amortiguador entre usted y el vendedor y ahorrándole el estrés de las negociaciones cara a cara. Recuerde que las habilidades de negociación fueron una de las principales cualidades que usted buscó al contratar a su agente, y es en este momento en que los grandes profesionales tienen otra oportunidad de destacarse.

Cartas adjuntas a la oferta

Hay un millón de historias sobre cómo las llamadas "cartas de amor" de los compradores a los vendedores ayudaron a sellar un acuerdo. Las cartas de amor, o cartas de oferta, se han utilizado a lo largo de los años como medio de apelar al vendedor en un mercado competitivo. Sin embargo, aunque muchas personas todavía tratan de utilizar estas cartas como una forma de distinguir su oferta, esto podría dar lugar (ya sea intencionalmente o no) a prácticas discriminatorias en materia de vivienda.

En 1968, el gobierno de Estados Unidos aprobó lo que se conoce como la Ley de Equidad de Vivienda (*Fair Housing Act*). Esta ley garantiza que ningún inquilino o comprador pueda ser discriminado por motivo de raza, religión, sexo, nacionalidad de origen, familia o discapacidad. Esta ley se formuló en gran medida como parte del movimiento más amplio de los Derechos Civiles en aquel entonces para deshacerse de las prácticas discriminatorias de vivienda. Ayuda a imponer restricciones en torno al rechazo por prejuicio o las prácticas crediticias injustas.

Aunque pueda parecer inofensivo, el acto de dirigir una carta a alguien a quien usted desea comprarle una casa pudiera infringir esta ley. Al revelar quién es usted, su estatus familiar o cualquier otro dato personal, podría apelar involuntariamente a cualquier prejuicio que un vendedor pueda tener. Para nosotros en Keller Williams la vivienda y la riqueza generacional son derechos a los que todos deberían tener igual acceso. Por lo tanto, por muy bien intencionada que sea, lo exhortamos a evitar las "cartas de amor" en un esfuerzo por crear un mundo más feliz y equitativo para todos.

Cuando usted y el vendedor logran un acuerdo y firman el contrato, el cheque entregado se deposita en una cuenta de depósito en garantía. Cuando esto sucede, ha dado otro paso a la vez importante y apasionante en el proceso de la compra de su vivienda.

Atravesar y procesar los altibajos

Antes de proseguir, podrían suceder muchas cosas entre el momento en que decide hacer una oferta y el día en que recibe las llaves de la casa. Dependiendo del mercado inmobiliario en ese momento, encontrar la casa ideal para usted podría ser tan sencillo como entrar por la puerta principal o tan complicado como atravesar 50 puertas. ¡Uf! Me canso de tan solo *pensar* en atravesar tantas puertas.

Por ejemplo, si se trata de un mercado cambiante o muy competitivo, el proceso para encontrar la casa ideal quizás sea un poco más dificultoso. Las "compradoras primerizas" April y Valerie pasaron por diez intentos fallidos antes de completar la compra y el cierre definitivo de su casa. "Formalizamos nuestro compromiso de matrimonio un sábado y comenzamos a ver casas el lunes siguiente", dice Valerie. "Y al final de esa semana, el país entero, Austin incluida, estaban en un estado de confusión total debido al COVID-19". Su agente, Chris Hall, trabajó con ellas muy de cerca, navegando por el mercado incierto, ayudándolas a dilucidar lo que querían y necesitaban en una casa para que pudieran hacer ofertas rápidas. "Chris se tomó el tiempo para explicar por qué fue rechazada cada oferta para que pudiéramos fortalecer nuestra próxima oferta", añade April. "Él nos aconsejó que comenzáramos a hacer ofertas más competitivas con diferentes incentivos, como dinero adicional y adelantar la fecha de cierre. Finalmente, pudimos hacer una oferta apenas unas horas después de haber explorado una casa estupenda, ¡y la conseguimos!"

Al igual que April y Valerie, usted podría verse en situaciones en las que su oferta sea rechazada. Quizás tenga dificultad para encontrar un hogar que le guste o a lo mejor tiene una oferta en curso y la negociación se cae durante el proceso. De todos modos, lo importante es no desanimarse. "Mi mamá seguía diciéndonos que la casa que conseguiríamos sería la que estaba destinada a ser nuestra, y aunque en ese entonces poníamos mala cara por su consejo, al final resultó ser así. Cuando aceptaron nuestra oferta, la décima que hacíamos, era la casa de nuestra adoración absoluta", dice April.

Su proceso de conseguir una vivienda y ser propietario nunca será como el de nadie más, lo cual está más que bien. Puede haber altibajos y giros en el camino, pero al final, encontrará una casa en la que podrá crear recuerdos en los próximos años.

Puntos para recordar

Ahora conoce y entiende los tres componentes básicos de una oferta de compra: el precio, los términos y las contingencias.

- Precio: el monto adecuado de la oferta debe reflejar justamente el verdadero valor de mercado de la propiedad que quiere comprar. La investigación de mercado que realice su agente lo guiará en esta decisión.

- Términos: los demás factores financieros y plazos que se incluirán en la oferta. Los términos caen bajo seis categorías básicas en una oferta inmobiliaria:

  - Plazos: cronograma de plazos de una serie de eventos que deben tener lugar antes del cierre.

  - Traspasos: elementos que permanecen en la vivienda cuando el vendedor la desocupa.

  - Comisión: la comisión, u honorarios, por transacciones inmobiliarias tanto del agente del vendedor como del agente del comprador.

  - Costos de cierre: es habitual que los compradores paguen los costos de cierre, pero si usted quiere incluirlos en el monto del préstamo, es preciso que lo especifique en el contrato.

  - Garantía para la vivienda: cubre las reparaciones o el reemplazo de electrodomésticos y estructuras principales, tales como techos, plomería, revestimiento exterior o instalación eléctrica. Puede pedirle al vendedor que corra con estos gastos.

  - Depósito de buena fe: protege a los vendedores de la posibilidad de que el comprador se eche atrás de forma imprevista. Constituye una aserción de la seriedad de su oferta.

- Las contingencias (o "condiciones"): son cláusulas que le permiten rescindir el acuerdo si la casa tiene un problema que no existía previamente o que usted desconocía cuando firmó el contrato. Especifican todo suceso que deberá tener lugar para que usted cumpla el contrato.
- Visite *YourFirstHomeBook.com* para obtener hojas de trabajo y otros recursos útiles.

LA PRIMERA CASA DE JP LEWIS

En mis años de infancia, mis padres eran dueños de una casa de ladrillo, de buen tamaño y de color verde lima, en un vecindario en el sur de Texas. Para mi suerte, era un ambiente muy estable y allí vivieron durante 42 años, antes de mudarse recientemente para estar más cerca de sus nietos. Cuando pienso en mi casa de infancia, pienso en las vacaciones que toda mi familia pasó allí: mi padre y mis tíos departiendo en el garaje, un montón de primos corriendo alrededor, y mi madre y mis tías afanando para que todo quedara perfecto.

Tenía la certeza de que quería tener casa propia, pero no fue hasta mis veintitantos que empecé a entender la importancia de ser propietario para cambiar nuestra trayectoria económica. Fue en esa época que comencé a escuchar a algunos mentores clave en mi vida y a darme

* Fotografía cortesía de la familia Lewis.

cuenta de que quería comprar una casa con el objetivo de incrementar mi patrimonio y mejorar el legado de mi familia.

Comencé a ahorrar para el pago inicial y estuve buscando casa cerca de un año antes de encontrar el espacio adecuado. Sabía que quería encontrar algo que me permitiera alquilar parte del espacio para ayudar a pagar parte de mi hipoteca. Gracias al consejo de un mentor, comencé el proceso de búsqueda buscando casas dúplex, pero encontré un lugar con una suite separada que reunía todos los criterios que buscaba. Por $199,000.00, la casa ubicada en el 3100 de Fontana Drive tenía tres dormitorios y un baño en la parte delantera, más un dormitorio y un baño en la parte trasera, con una pared compartida entre ambas secciones. La casa, construida en 1957, necesitaba un poco de trabajo, pero estaba dispuesto a invertir con mi sudor para transformarla a mi propio gusto. Aun mejor, estaba situada justo al otro lado de la calle de una universidad local, lo que significaba una buena fuente de potenciales compañeros de piso.

Aunque la casa entera era mía, preferí sacrificarme y ocupar la parte más pequeña y menos moderna de la casa. Aun cuando esa parte de la casa no era igual de cómoda, hacerlo me permitió llenar la parte delantera de la casa con varios inquilinos. Afortunadamente para mí, el pago de esos inquilinos cubría entre el 70 y el 80 por ciento del pago de mi hipoteca cada mes. Vivía en una ubicación de primera, en una casa de mi propiedad, y sin embargo sólo pagaba $300 al mes de mi propia hipoteca. Para mí, este era un escenario de ensueño.

Cuando compré esa casa, me di cuenta de que las puertas se me abrían para generar y acrecentar mi propio patrimonio como jamás imaginé que fuera posible. Si bien al principio hubo quienes no entendieron mi decisión al elegir esa casa, comprendía el potencial futuro que esta casa tenía. Hice mis cálculos y sabía que quería aprovechar la oportunidad que representaba la casa en base al mercado de ese momento. Durante el año que viví en el apartamento trasero de esa casa, pude ahorrar suficiente dinero para otro pago inicial para una segunda propiedad que compré al poco tiempo.

Todavía tengo la casa ubicada en el 3100 de Fontana Drive como propiedad de inversión. Con los años, su valor ha aumentado a entre $600,000.00 y $700,000.00, y actualmente estamos desarrollando planes para derribarla y construir dos nuevas unidades en el mismo terreno. Esa casa me enseñó la importancia de rodearse de personas que comprenden la importancia de ser propietario y tomarse el tiempo para aprender el valor de las propiedades inmobiliarias como una herramienta para aumentar el patrimonio personal. Gracias al consejo de la gente que me rodeaba a mis veintipocos años fue que me convertí en inversionista inmobiliario, y estoy tan agradecido de que me enseñaran lo que significa ser dueño de algo que aumentará de valor.

JP Lewis es vicepresidente de Keller Williams Worldwide.

CAPÍTULO 7

COMPLETAR LAS GESTIONES Y VERIFICACIONES DE LUGAR

Tonja Pitzer, de Tulsa, Oklahoma, se enamoró de una casa de los años veinte que tenía un hermoso y amplio porche delantero. Rápidamente suscribió un contrato de oferta y ordenó la inspección de la propiedad. El resultado del informe no fue halagüeño. La casa tenía termitas. Las canaletas de desagüe se estaban viniendo abajo. El garaje se estaba cayendo. Toda la casa tenía una anticuada instalación eléctrica con aisladores de porcelana. Y Tonja descubrió que el porche le deparaba una sorpresa todavía mayor.

"Apenas unos ladrillos lo sostenían en pie", dice. "El terreno debajo del porche se estaba desmoronando, así que año tras año los propietarios colocaban un nuevo ladrillo debajo del pilar para sostenerlo".

En vez de negociar reparaciones de consideración, Tonja decidió desistir de la compra. "Me encantaba esa casa y detesté tener que desistir de comprarla", expresa. "Con todos los problemas que tenía, no era sensato comprarla".

A veces, no importa cuánto nos guste una casa, lo mejor es no comprarla. Lógicamente, no deja de ser una decisión difícil. Después de invertir tanto tiempo buscando casas, es posible que se sienta decepcionado con el hecho de tener que desistir de la compra. Para colmo, también hay que pagar por la inspección que puso en claro que era necesario desistir. En definitiva, termina haciéndolo sentir como si hubiera desperdiciado su tiempo y dinero.

La realidad es que las inspecciones y los costos asociados con estas no son un desperdicio en absoluto. A diferencia de la mayoría de las compras importantes, una vez que usted compra una casa no puede devolverla si algo se rompe o no funciona según lo esperado. Por esta razón es que la inspección de la propiedad es tan importante. Por una inversión relativamente pequeña, puede ahorrar una fortuna en tiempo y dinero.

Cuando se atraviesa la fase definitiva de la compra de su primera casa, hay dos cosas que son increíblemente importantes: la inspección y la póliza de seguro sobre la propiedad. Estos pasos tienden a ir de la mano, ya que muchas compañías requieren algún tipo de inspección para asegurar una casa. Además, también son importantes para garantizar que usted obtenga el valor por el que está pagando y que esté protegido.

Inspección de la propiedad

Por lo general, la inspección y el seguro de vivienda se compran al mismo tiempo. Una casa incluye decenas de sistemas y características, todos diseñados para hacer nuestras vidas más confortables y agradables, pero todos estos pueden causar serios dolores de cabeza si no funcionan correctamente. La inspección expone los defectos ocultos de la casa de sus sueños, de modo que usted pueda negociar con el vendedor antes de convertirse en el nuevo dueño. Normalmente, los vendedores acordarán reparar los problemas o reducir el precio de venta para cubrir el costo de arreglarlos. "La inspección es como obtener un examen físico anual", afirma el agente James Williams, de Washington, D.C. "Le dice la salud general de la casa y le da una idea de los asuntos de menor y mayor magnitud de la casa. Un agente experimentado puede ayudar al comprador a decidir si estas cuestiones son de carácter cosmético o algo de lo que debe desistir. Para más tranquilidad, preferimos recomendar a los compradores que adquieran una garantía para la vivienda".

Antes de que contrate su propio inspector, le aconsejamos que analice detenidamente **la declaración del vendedor** (conocida como "hoja de información sobre la propiedad del vendedor" en Canadá), un documento escrito en el que el propietario manifiesta conocer el estado actual de la propiedad. Su agente se encargará de solicitar la declaración al agente del vendedor. Los requisitos de lo que se debe incluir exactamente en la declaración del vendedor varían de un estado a otro, pero generalmente deben incluir cualquier información sobre reparaciones grandes o problemas estructurales.

Por ejemplo, usted podría estar pensando en comprar una casa por la que otro comprador suscribió un contrato de oferta, pero que después se echó atrás cuando su inspector descubrió una grieta importante en los cimientos. El vendedor tendría que incluir dicha información en la declaración, permitiéndole a usted desistir de la compra (si así lo quisiera) antes de pagar otra inspección.

Trabajar con un inspector

La información que su inspector le proporcione será esencial para que usted tome una decisión de compra debidamente sustentada. A diferencia de cuando buscó imágenes de ese extraño lunar que tenía debajo del brazo, no querrá simplemente elegir el primer resultado que aparezca en su búsqueda en la web, sino que por el contrario, querrá elegir concienzudamente. Con toda seguridad, su agente podrá recomendarle un profesional de confianza. A medida que avanza con la búsqueda de un inspector, tenga en cuenta las siguientes preguntas:

1. ¿Tienen seguro contra errores y omisiones?

Este seguro protege a los inspectores —y a usted— si cometen un error en el informe de inspección que lo lleve a comprar una casa defectuosa.

2. ¿Se especializa en un determinado tipo de construcción?

Las propiedades a menudo tienen peculiaridades relacionadas con su antigüedad, ubicación o estilo constructivo y algunos inspectores han adquirido una visión particular de estos rasgos. La agente Shannon Jones, que trabaja en Long Beach, California, dice que ve muchas casas con problemas de cimientos debido al tipo particular de arena de mar que se utiliza para la construcción en esa zona. Por eso, cuando alguno de sus clientes considera comprar una casa con este tipo de cimientos, ella les recomienda un experto que sepa exactamente qué inspeccionar. Las casas totalmente nuevas también tienen peculiaridades que requieren un especialista. No queremos que se estrese demasiado; su agente puede ayudarle a decidir si su casa necesita un inspector especializado.

3. ¿Cuánto cuesta?

La inspección puede costar tan solo $200 o por encima de $1,000.00, y es usted (el comprador) quien debe asumir dicho gasto, independientemente de si compra la propiedad o no. En 2020, el promedio nacional era de $337 para una inspección de vivienda. En términos generales, el precio de una inspección está determinado por varios factores. En primer lugar, algunos inspectores cobran más; un precio más alto podría indicar mejor calidad. En segundo lugar, las inspecciones de casas de mayor tamaño y aquellas que tienen muchos baños y equipos de aire acondicionado cuestan más porque requieren más trabajo.

Sin embargo, Debbie Abadie, una agente de Houston, Texas, que además posee licencia de inspectora, advierte a los compradores que eviten a los inspectores que basan su cotización en el precio de la propiedad. Demanda casi el mismo trabajo inspeccionar una casa de 2,000 pies cuadrados con dos baños, independientemente de que el precio de venta sea $100,000.00 o medio millón. "Si el inspector le pregunta cuánto pagará por la casa, cuelgue el teléfono de inmediato", agrega.

4. ¿Cuándo puede realizar la inspección?

Puesto que los resultados de una inspección pueden generar nuevas negociaciones y reparaciones que deben completarse antes del cierre, es importante que coordine una inspección (en un horario en el que usted pueda estar presente) lo más pronto posible. En un mercado competitivo, puede suceder que los inspectores tengan sus reservas completamente llenas y sean difíciles de ubicar. De cualquier manera, su agente le ayudará a obtener el inspector y la inspección que necesita.

Las casas nuevas también necesitan una inspección

Le recomendamos que no omita la inspección sólo por el hecho de estar comprando una casa que vaya a estrenar. De hecho, puede resultar aún más difícil detectar las fallas en una construcción nueva que en las casas más antiguas puesto que los síntomas todavía no se han presentado. La compradora Teresa Van Horn, por ejemplo, tardó meses en descubrir que una gotera de una tubería mal soldada estaba deteriorando la pared del baño de su nuevo condominio. Cuando se realizó la inspección de su condominio recién terminado, la tubería ya estaba oculta detrás de una pared de un blanco impecable.

Si piensa comprar una casa nueva, debe buscar un inspector que se especialice en construcciones nuevas. Algunos agentes sugieren que los compradores coordinen una inspección periódica del trabajo de construcción durante la obra, como por ejemplo, después de instalar el cableado y la plomería, pero antes de colocar las paredes y que queden cubiertas. Si puede afrontar el gasto adicional, podría detectar un error a tiempo.

Qué esperar cuando se realiza una inspección

Sin importar cuán ocupado esté, usted debería estar presente durante la inspección. Es su gran oportunidad para obtener una clase profesional sobre la caja de fusibles, el sistema de aire acondicionado, el calentador de agua y otros sistemas que pronto podrían ser suyos. Además, no se exige que los inspectores muevan muebles o miren debajo de las alfombras, así que hasta a los mejores inspectores se les pueden pasar cosas por alto. "Las inspecciones son sumamente importantes", dice el agente Josh Stern. "A menudo les advertimos a nuestros clientes que van a recibir del inspector una lista del tamaño de una biblia enumerando los posibles problemas, pero que no se alarmen. Nuestro enfoque radica en elementos de mantenimiento diferido de *gran envergadura*, los problemas de seguridad y los fallos de los distintos sistemas".

Si bien es probable que no desee andar moviendo los muebles para ver qué esconden los vendedores—¡imagine la responsabilidad si estropea el equipo audiovisual en su afán por mirar detrás!—, sin duda puede voltear la alfombra para ver si está ocultando azulejos agrietados o mirar debajo del fregadero para ver si hay evidencia de una fuga. Al fin y al cabo, un par de ojos extra pueden ayudar, y mucho.

La mayoría de los inspectores generales inspeccionan la casa desde los cimientos hasta el techo. Esto incluye una miríada de cosas: plomería, sistemas eléctricos, calefacción, ventilación, ventanas y puertas, el sistema de drenaje y mucho más. En el caso de otros tipos de propiedades, como los condominios, puede ser que algunos elementos exteriores no estén incluidos en la inspección porque están bajo la gestión de quienes administran la propiedad. La tarea del inspector es verificar la mayor parte posible de la propiedad sin riesgo de lesiones. Sin embargo, es importante recordar que los inspectores no pueden ver todo en una casa; no pueden despegar las paredes o los pisos para ver lo que hay detrás o debajo. Por lo tanto, esté alerta para detectar cualquier problema, sin importar cuán acertada pueda parecer la inspección.

Después de la inspección, usted y su agente recibirán el informe de inspección ya sea por vía digital o por correo en un plazo de tres a cuatro días. Llegado este punto, podrán sentarse ambos y revisar los resultados de la inspección. Cada inspector presenta su informe de diferentes maneras, algunos con un sistema de palabras rápidas como "en buen estado" o "tiene que ser reemplazado", mientras que otros dan informes que son más profundos. Muchos informes también incluirán fotos de lo que el inspector vio mientras verificaba varias partes de la propiedad. Dedique un momento aparte para estudiar toda esta información, individualmente y con su agente. Si tiene alguna pregunta, no deje de hablar con su agente o comuníquese con el inspector para obtener una aclaración. Llegado ese punto, puede elaborar una lista de cosas que necesitan repararse y empezar a negociar con el vendedor.

Reparaciones y renegociación

Aunque pueda parecer que un informe de inspección es algo que uno pueda saltarse o leer por encima, en realidad lo instamos a que se tome el tiempo para leerlo a fondo. Muchos agentes manifiestan sorpresa ante la cantidad de personas que conciben la inspección como un obstáculo que sortear, en vez de considerarla como una valiosa y nueva fuente de información sobre la propiedad que piensan comprar.

"Cuando mi hija compró su casa, no prestó atención a los detalles de la inspección y terminó teniendo problemas de todo tipo", relata un agente de Nueva York. "Es algo muy frecuente. Ante la avalancha de cosas, la gente no se toma el tiempo necesario para leer el informe y se pierde la oportunidad de hacer que el vendedor se ocupe de los problemas en su lugar".

Incluso la "casa ideal" tiene sus problemas. Así que si se siente cada vez más nervioso al leer el informe de inspección, no se asuste. No existe la casa perfecta. A menos que su casa sea nueva, está prácticamente garantizado que tendrá cierto grado de desgaste. El trabajo de un inspector es tomar nota de todo lo que no sea perfecto en la propiedad, desde los problemas menores de fácil arreglo hasta el reemplazo de las telas metálicas para ventana que faltan o las placas de interruptores rotas.

No obstante, pedirle al vendedor que repare cada perilla floja con seguridad será contraproducente para la transacción. La costumbre indica (y no hablemos del sentido común) que los compradores no pidan cosas excesivas. Ahora bien, exactamente ¿qué se entiende por "excesivas"? Esto variará de un lugar a otro y de un mercado a otro, y su agente inmobiliario podrá orientarlo sobre cuáles pedidos resultan normales y razonables y cuáles no.

"Póngase en el lugar del vendedor", recomienda la agente Shannon Jones. "Si se trata de cuestiones de higiene y seguridad, la mayoría de las personas considerarían razonables tales reparaciones, pero la mayoría de los vendedores se negará si usted se presenta con una lista interminable". En pocas palabras, la forma adecuada de manejar el informe de inspección es evitar exigir a los vendedores que reparen cada pequeño detalle. En cambio, tómese el tiempo para resolver problemas que de verdad merezcan que usted se preocupe y los incluya dentro de la negociación.

Decidir qué reparaciones son importantes

Hay determinados problemas que el comprador normalmente solicita al vendedor que solucione. Entre ellos se incluyen cuestiones de mantenimiento postergadas, por ejemplo limpiar la piscina o las canaletas de desagüe, o realizar un servicio de mantenimiento de los sistemas de aire acondicionado o calefacción. Como siempre, las normas locales sirven de orientación. "Tenemos muchos sistemas sépticos y pozos, y los vendedores normalmente pagan para que se vacíen e inspeccionen sus sistemas cloacales", indica el agente Roy Van Winkle, de Marysville, Washington. "No es una norma escrita, pero simplemente es lo que se espera".

El tipo de problemas que encuentre dependerá de la región. El desplazamiento de los cimientos y las termitas son comunes en el sur; las filtraciones en el sótano o los problemas de aislamiento son frecuentes en el norte. Su agente podrá estimar cuánto costarán muchas de las reparaciones comunes; en algunos casos podría recomendar llamar a un contratista de construcción para que haga un presupuesto. Una vez que vea la cotización de la reparación, podrá decidir qué podría pedir al vendedor que arregle y qué no tendría problemas en reparar usted mismo (independientemente de que cuente o no con dinero asignado para reparaciones).

Le sugerimos que sea cauteloso al decidir cómo manejar los problemas (como goteras y filtraciones, trabajos eléctricos o control de plagas) que demanden romper y abrir paredes. A menudo puede resultar difícil determinar la extensión de este tipo de problemas desde el exterior, así que cuando abra la pared, podría encontrarse con un problema mucho mayor que el que acordó pagar. Por eso, de ser posible, pida a los vendedores que se ocupen de las reparaciones que afecten el interior de las paredes. En caso contrario, podría negociar una asignación de dinero para reparaciones por determinado monto y terminar descubriendo, después de abrir la pared, que reparar el problema costará cinco veces más que lo esperado.

Si está pensando embarcarse en una reparación de gran escala, lo instamos a que tenga en cuenta sus planes a corto y largo plazo. Si sólo piensa quedarse unos pocos años, podría no valer la pena iniciar reparaciones importantes. Por otra parte, si se trata de la casa en la que piensa vivir muchos años, puede resultar emocionante tomar las riendas de una mejora que perdurará toda la vida.

Los imprevistos

Asegúrese de entender todo lo que implica tener un inmueble y lo que trae consigo. Si bien la mayoría de las casas unifamiliares son relativamente sencillas, hay ciertas cosas que se deben tener en cuenta. A manera de ejemplo, en el oeste del país, la energía solar y la eólica son cada vez más populares. Pero, si una casa tiene paneles solares que se adquirieron a través de un préstamo o si son arrendados, entonces el comprador tendría que asumir ese préstamo o renegociar el contrato de arrendamiento. Del mismo modo, si un propietario suscribió un acuerdo que le permite a un parque eólico o una compañía eléctrica arrendar parte de la propiedad para colocar un molino de viento, el comprador heredaría el contrato o tendría que renegociar los términos del mismo. (Y, probablemente, obtener una cantidad de dinero acordada a cambio.)

Igualmente, si usted compra una casa en una parcela más grande o una propiedad rural, habría que considerar otras cosas, como los derechos mineros. Los derechos mineros son los derechos que se aplican a lo que hay en el subsuelo, como petróleo, gas natural e incluso carbón. La mayoría de los derechos mineros no se transmiten con la compra del terreno. Esto significa que, por ejemplo, si alguien viene y le solicita perforar el suelo para extraer petróleo en su terreno, usted recibiría un pago por permitir que utilicen su propiedad, pero no tiene ningún derecho a reclamación por lo que encuentren. Sin embargo, en algunos casos estos derechos se transmiten, y usted podría reclamar derechos legales sobre lo que se encuentre en su terreno.

Todo esto lo puede conversar más a fondo con su agente.

Lograr el acuerdo final

Una vez que haya decidido lo que requiere reparar a fin de concretar la compra, su agente les transmitirá sus pedidos a los vendedores. Recuerde que una de sus opciones es solicitarle al vendedor que se encargue de las reparaciones o bien pedirle una compensación a fin de efectuarlas usted mismo. La compensación puede ser una reducción en el precio de venta o una asignación de dinero en efectivo para reparaciones. Si no hubiera muchos problemas en la casa, la opción más simple sería continuar con el contrato original sin pedir a los vendedores que arreglen nada.

Cuando se llega al punto de negociar reparaciones, generalmente todos se sienten un poco tensos. ¡Falta tan poco para concretar la transacción y a la vez se siente tan preocupado de que todo se deshaga! Todas las emociones y el entusiasmo que usted y el vendedor sienten pueden hacer que se exageren innecesariamente cuestiones relativamente menores (como quién pagará el nuevo calentador de agua que cuesta $500 en una casa de $300,000.00). Esto puede ser peligroso porque el vendedor podría rechazar su contraoferta y acabar con el trato si le resulta más fácil encontrar otro comprador que lograr un acuerdo. Negociar bien significa entender con claridad qué está dispuesto a ceder y qué le importa más, y lograr comunicar estas prioridades a los vendedores. Si le resulta difícil negociar con un vendedor, usted podría decidir que le gusta tanto la casa que acepta comprarla tal cual, con defectos y todo. Como último recurso, la cláusula de contingencia sobre inspecciones le permitirá desistir de la compra

Hay muchas probabilidades de que el vendedor y usted finalmente logren un acuerdo En ese momento, tendrá un contrato terminado y una póliza de seguro sobre la propiedad (o al menos habrá avanzado mucho para conseguir una). Estos dos pasos probablemente constituyen los últimos grandes obstáculos que deberá sortear.

Después de la inspección y negociación, habrá llegado a un momento emocionante dentro del proceso de compra, cuando ya es casi seguro que esta casa en realidad sea suya. Los últimos pasos entre este momento y el cierre, que incluyen un estudio topográfico, las tareas relacionadas con el título de la propiedad y la tasación, los manejan fundamentalmente su agente y el prestamista y se explican en el próximo capítulo.

Obtener una póliza de seguro sobre la propiedad

Contar con una póliza de seguro sobre la propiedad es una decisión inteligente. También es un requisito necesario: no puede obtener una hipoteca si no tiene seguro. No obstante, asegurar una casa más antigua a veces puede resultar complicado. Muchas compañías de seguros hoy exigen que se lleven a cabo mejoras, renovaciones y reacondicionamientos (tales como reemplazar instalaciones eléctricas obsoletas) antes de emitir una póliza. Por lo tanto, consiga su inspección lo más rápidamente para poder determinar qué requiere mejoras, negociar las reparaciones necesarias con el vendedor, lograr que se efectúen y tener la póliza en su poder el día de cierre. "Hemos enfrentado diversos grados de dificultades en términos de la asegurabilidad de un hogar", señala el agente Mike Duley, "pero casi siempre lo logramos".

Para elegir una póliza, le recomendamos que empiece por llamar a algunas compañías que le hayan recomendado fuentes conocedoras y de confianza, por ejemplo, su agente inmobiliario. Cuando tenga las cotizaciones, podrá comparar pólizas y primas. Las pólizas varían radicalmente, así que dedique tiempo a elegir la adecuada.

Comprar concienzudamente

Al buscar pólizas de seguro, le instamos, como siempre, a comenzar con recomendaciones de personas que conoce y de su agente. Sin embargo, los precios de los seguros pueden variar mucho de un lugar a otro, así que tómese el tiempo para comparar distintas opciones y averiguar qué póliza le conviene más.

Hay un buen número de excelentes sitios web que pueden darle múltiples cotizaciones de seguros. Lugares como Insurify y Keller Covered reúnen la información sobre su hogar y le entregan una serie de cotizaciones de las principales empresas, como Nationwide, Encompass, MetLife y otras más. Cuantas más cotizaciones obtenga, más oportunidades tendrá de encontrar la cobertura perfecta al precio perfecto. No tenga miedo de cambiar su seguro o seguir mirando otras opciones año tras año, ¡a veces puede encontrar mejores ofertas!

Elegir una póliza

Una póliza básica de seguro sobre la propiedad lo protege de dos maneras. En primer lugar, proporciona seguro contra pérdidas o daños a la propiedad, tales como incendios o granizo. En segundo lugar, también brinda seguro contra daños a terceros en caso de que alguien se lastime mientras se encuentra en su casa, por ejemplo, al resbalarse en el hielo que cubre la entrada para autos.

En términos generales, las pólizas de seguros sobre propiedades se dividen en dos categorías principales: **costo de reemplazo** y **valor real en efectivo**. La póliza por costo de reemplazo, aunque generalmente es más cara, ofrece más cobertura. Generalmente, cubrirá el costo de reconstrucción total de su casa tal como estaba antes del evento en caso de destrucción. La póliza por el valor real en efectivo, aunque ligeramente menos costosa, puede terminar ofreciendo menos protección. Esto se debe principalmente a que sólo se le concede el valor actual de lo que se ha destruido, que puede ser inferior al costo actual de reemplazarlo.

En ambos casos, su cobertura se extenderá a otros edificios dentro de su propiedad, no sólo a su casa. Por ejemplo, si usted tiene un cobertizo o un garaje separado, éstos también estarán cubiertos en el caso de destrucción o daños. Por lo general, estas pólizas de seguro también ayudarán a cubrir algunas de las pertenencias que se encuentren en su casa, hasta cierto valor. Sin embargo, en el caso de artículos de gran valor, le recomendamos que busque una cobertura especial independiente que le reembolse por completo lo perdido. (Lo analizaremos en detalle en breve.)

Independientemente del tipo de seguro que elija, hay muchas maneras mediante las cuales usted puede ampliar o modificar las pólizas básicas. La mayoría de las compañías de seguros también ofrecen **tasas deducibles** variables, que pueden afectar su prima anual (es decir, cuanto más alta sea la tasa deducible, más baja será la prima). Las siguientes preguntas le ayudarán a analizar las opciones y tomar una decisión:

¿Cuánta cobertura necesito?

No tiene que comprar un seguro por la totalidad del precio de compra de la casa. Dicho precio incluye el costo del terreno sobre el que está construida la casa, el cual resulta prácticamente imposible de arruinar y por ende no precisa ser asegurado. Por lo tanto, su casa de $300,000.00 podría requerir simplemente una póliza por $280,000.00 si el terreno sobre el que está construida vale $20,000.00.

¿El costo de reemplazo o el valor real en efectivo?

Como dijimos, su principal decisión es si optar por la póliza por el costo de reemplazo o por el valor real en efectivo. Si opta por el valor real en efectivo, ese valor es el precio de la casa: si la casa que usted asegura hoy por $250,000.00 se incendia en diez años, recibirá $250,000.00 para reemplazarla. Para desgracia de los titulares de una póliza por el valor real en efectivo, los costos de construcción aumentan y esto significa que, a medida que pasen los años, el monto de $250,000.00 alcanzará para comprar cada vez "menos propiedad". Por esta razón la mayoría de los compradores eligen una póliza por el costo de reemplazo. Si bien es un poco más costosa, cubrirá la reconstrucción de su casa, sin importar el costo.

¿Qué son los riesgos especificados y no especificados?

Los daños a la propiedad pueden ser de diverso tipo, desde los predecibles, como los incendios y robos, hasta los singulares e impredecibles (meteoritos, vehículos fuera de control, animales de circo fugitivos). La mejor póliza es la de cobertura contra **todo riesgo**: cubre contra todo daño que no haya sido excluido de forma específica en la póliza. Resulta un poco más costosa, pero brinda protección contra los imprevistos. Una póliza contra riesgos especificados cubre únicamente contra los daños que se indican de forma expresa en la póliza. Si acepta el riesgo de una póliza contra riesgos especificados, asegúrese de comprender bien qué cubre la póliza y qué no.

¿Necesito un seguro de bienes personales?

Si su casa sufre daños o queda destruida, es muy improbable que sus pertenencias queden intactas, y esas pertenencias representan mucho dinero. Una vez que usted hace la cuenta para ver cuánto le costaría sustituir todas sus pertenencias, desde las medias, la vajilla y hasta los muebles, resulta obvio por qué tantos compradores agregan un **seguro de bienes personales** a sus pólizas. Si usted posee pertenencias extremadamente valiosas o únicas, tales como joyas u obras de arte, debe saber que puede obtener cobertura adicional además de la habitual. Asegúrese de verificar si la póliza para bienes muebles cubre sus pertenencias independientemente del lugar en que se produzca la pérdida o el daño. Si le roban su computadora portátil mientras está de vacaciones, por ejemplo, este tipo de póliza puede ser muy conveniente.

¿Qué son los gastos de subsistencia adicionales?

Es posible que tenga que considerar la posibilidad de añadirlos a su póliza si necesita cubrir costos adicionales, por ejemplo, si se ve obligado a alojarse en un hotel durante un mes mientras se realizan reparaciones en su casa.

Un recordatorio breve: Garantías

Las garantías y los seguros parecen similares, pero cubren cosas distintas. Es decir, las garantías cubren reparaciones o reemplazo de aparatos y sistemas principales dentro de su hogar. Por ejemplo, si la unidad de aire acondicionado se avería, es más bien un problema de garantía que un problema de seguro. El seguro, por otro lado, cubriría el reemplazo de parte de su casa si la unidad se avería y provoca un incendio que destruye la casa. Combinadas, las garantías y el seguro crean un manto protector para su hogar.

Seguro especializado

Es probable que una póliza básica no cubra los daños asociados a los riesgos predecibles por la ubicación geográfica de la propiedad, tales como los huracanes en la Florida o los terremotos en California. Si vive en la costa o cerca de una falla sísmica, quizás le convenga contratar cobertura adicional. De hecho, podría ser un requisito. También hay seguros especializados para otros tipos de responsabilidad.

Seguro contra inundaciones

Aunque la mayoría de los seguros básicos cubren algunos daños, la mayoría de los daños por inundación no están cubiertos por una póliza promedio. Si usted está comprando una casa en un área propensa a inundaciones, algunos estados a menudo requieren que los compradores compren una póliza contra inundaciones como condición para aprobar la hipoteca. Afortunadamente, el seguro contra inundaciones es relativamente fácil de obtener. En los Estados Unidos, usted puede obtener un seguro básico contra inundaciones a través del Programa Nacional de Seguros contra Inundaciones (*www.floodsmart.gov*), así como algunas aseguradoras privadas. Para los residentes en Canadá, el mejor lugar para buscar el seguro contra inundaciones es a través de la Oficina de Seguros de Canadá (*www.ibc.ca/qc/*).

Seguro contra terremotos

En lugares donde los terremotos son comunes, a menudo se requiere seguro contra terremotos. De esa manera, si su casa se ve afectada por un sismo, usted estará protegido y podrá reconstruir su casa. Según el Servicio Geológico de los Estados Unidos, los dos estados principales en cuanto a actividad sísmica son California y Alaska, pero se sabe que estados como Tennessee, Oregon y otros tienen terremotos ocasionales Dependiendo del estado en el que resida, quizás tenga una entidad local a través de la cual pueda estar asegurado, como la Autoridad de Terremotos de California. En todo caso, siempre hay aseguradoras privadas que pueden proporcionarle cobertura.

Constancia y pago por adelantado

Una vez que elija una póliza, su compañía enviará una constancia de seguro a su prestamista; esto eliminará oficialmente uno de los obstáculos de la ruta hacia el cierre de la transacción. La compañía de seguros también se encargará de hacer las gestiones para que usted pague por adelantado un año de las primas como parte de los costos de cierre. Con este punto ya resuelto, estará listo para el siguiente y emocionante paso final antes de convertirse en propietario: el cierre.

Puntos para recordar

La inspección de la propiedad (a la que le recomendamos que asista) debería revelar los problemas que una casa podría ocultar, a fin de que usted sepa exactamente qué está comprando antes de firmar los documentos de cierre.

- Su interés principal es la posibilidad de daños en la estructura. Esto puede provenir de daños causados por el agua, cambios en el suelo o una mala construcción cuando se construyó la vivienda.
- No se ahogue en un vaso de agua. Marcar todo lo que se descubra, sin importar qué tan grande o pequeño sea, es el trabajo del inspector. Se pueden ignorar cosas que puedan repararse fácilmente.
- Si el informe de inspección revela un problema de importancia, debería recurrir a un especialista y, si se confirma que el problema es serio, usted podría desistir de la compra.

Una póliza de seguro sobre la propiedad lo protege de dos maneras:

- Contra pérdidas o daños a la propiedad en sí.
- Contra daños a terceros en caso de que alguien se lastime mientras se encuentra en su casa.

LA PRIMERA CASA DE MO ANDERSON

Como hija de un granjero arrendatario de Enid, Oklahoma, siempre soñé con tener mi casa propia. Mi esposo y yo teníamos treinta años, dos hijos pequeños, y vivíamos en una casa alquilada en la vecina localidad de Ponca City cuando Dios finalmente respondió a nuestras plegarias. Habíamos ahorrado un poco de dinero para realizar un pago inicial y armado una lista con todo lo que deseábamos en una casa. Nos enteramos de que nuestros vecinos, que vivían a sólo dos casas, estaban planeando vender su vivienda.

La casa tenía todo lo que deseábamos: tres dormitorios, dos baños y un patio de buen tamaño para que jugaran los niños. También tenía dos atributos muy buenos para la venta: un gran dormitorio principal que había sido agregado y una sala de estar con una

---

Fotografía cortesía de la familia Anderson.

chimenea. ¡Esa sala enorme fue la que nos convenció! Podía imaginarme a nuestras familias (padres y hermanos, sobrinos y sobrinas) reunidas al lado de la chimenea para las fiestas. Todo eso y mejor aún, dentro de nuestro nivel de precios: menos de $20,000.00.

Con entusiasmo, les planteamos a nuestros vecinos que deseábamos comprar su casa. La compramos sin la orientación de un agente, y nuestros vecinos nos la vendieron también sin recurrir a un agente así se ahorraban el costo de la comisión. En retrospectiva, la transacción no fue de lo más sencilla, pero todavía recuerdo la emoción de finalmente tener un hogar propio y dejar de ser inquilinos.

Poco tiempo después de mudarnos, comenzó a llover después de una prolongada sequía. ¡La casa tenía más agujeros que un colador! Tuvimos que colocar baldes por todos lados para evitar empaparnos. Fue realmente un giro imprevisto para una pareja joven con dos hijos y recursos económicos muy limitados. Nos vimos forzados a usar el dinero que habíamos ahorrado para comprar muebles para reparar el techo. Así que, mientras nuestros vecinos se ahorraron un poco de dinero, nosotros aprendimos una lección importante y costosa. A partir de entonces, siempre empleamos un agente.

Si bien empezamos con el pie izquierdo, tengo recuerdos maravillosos de nuestra primera casa, donde criamos a nuestros hijos, compartimos con nuestros estupendos vecinos y vimos a los chicos salir y entrar corriendo de la casa y jugar en el patio. Todos los sueños que habíamos tenido de compartir el Día de Acción de Gracias y Navidad con nuestros seres más queridos sentados alrededor de nuestra espléndida chimenea en la sala de estar... ¡se volvieron realidad! De hecho, fue mejor que lo que habíamos imaginado.

Doce años después vendimos esa casa por aproximadamente $28,000.00 y colocamos nuestro capital en una casa por estrenar de 2,800 pies cuadrados. Nos parecía que nos habíamos mudado a una mansión. Todavía poseemos aquel segundo hogar y nos quedamos allí cada vez que volvemos a Ponca City.

Nuestra primera casita nos enseñó muchas cosas. Aprendí que ser propietaria de una vivienda es una responsabilidad enorme. Hay que mantener la casa y el jardín, incluso si no se tiene mucho dinero, porque forma parte de ser un buen vecino.

Una de las mayores lecciones que aprendí fue no dejar que el miedo influyera en nuestras decisiones. Cuando compramos nuestra primera casa, también habíamos tenido la posibilidad de comprar una casa nueva por tan sólo $5,000 más. Como familia joven y corta de dinero, ese monto nos asustó terriblemente, a pesar de que reuníamos los requisitos para comprarla. Aquella casa se vendió por $50,000, cerca de la misma época en que vendimos la nuestra. ¡Los dueños duplicaron su inversión!

Pero sobre todo, conocí la dicha de poseer casa propia. Como hija de un granjero arrendatario, probablemente supe apreciarlo más que la mayoría y, aún después de todo este tiempo y todas las casas que he tenido, todavía lo aprecio.

Mo Anderson es vicepresidenta del consejo de administración de Keller Williams Realty.

CAPÍTULO 8

CIERRE

La semana anterior al cierre fue muy emocionante para Becky Pastner de Austin, Texas. Adoraba el precioso bungaló que había encontrado y sentía una gran emoción ante la perspectiva de convertirse en propietaria a los 26 años. No obstante, la noche anterior al cierre derramó algunas lágrimas. "Por supuesto, me sentía feliz de comprar una casa", recuerda Becky, "pero me sentía abrumada por tantas emociones".

La tensión y el nerviosismo persistían a la mañana siguiente cuando, junto a su esposo, llegó a la oficina del prestamista bajo un chaparrón. Estaban tan nerviosos que erraron una vez el camino. Sin embargo, todo cambió en el instante en que se sentaron a la mesa para cerrar la transacción. "Apenas entramos supe que todo iba a salir bien", dice Becky. Incluso la tormenta se disipó mientras firmaban los papeles, así que cuando Becky salió el sol brillaba en el cielo y parecía reflejar el júbilo que sentía al finalmente ser propietaria.

A medida que se acerca el día de cierre, es probable que usted también se sienta tan ansioso como un gato de cola larga en una habitación llena de mecedoras. Eso es comprensible y normal: está tomando una gran decisión que, literalmente, cambiará casi todos los aspectos de su vida. Simplemente recuerde que está en la recta final, y pronto despertará en su propia casa.

Aunque la etapa final del proceso puede desatar muchas emociones y sentimientos, en definitiva se trata de completar los trámites. En la etapa de cierre, su agente y su prestamista se enfocarán en verificar que todo esté en orden: comprobar que sus finanzas están en orden, completar cualquier tipo de documentación y las verificaciones finales de la casa. La etapa final consiste en la confirmación por parte del prestamista del valor y la situación legal de la propiedad. Esto implica un estudio topográfico, una tasación, la investigación del título y una verificación final de su crédito y sus finanzas. Su agente lo mantendrá al corriente sobre el progreso de cada trámite. A diferencia de las etapas anteriores, el trabajo suyo está prácticamente finalizado. Por lo demás, solo tiene que preocuparse por mantener sus finanzas en orden y su crédito al día. Manténganse en contacto con su agente para confirmar que contará con toda la documentación y los fondos necesarios para evitar inconvenientes el día de cierre y avanzar sin sobresaltos hacia su nueva vida como propietario.

Verificaciones antes del cierre

A medida que se acerque el día del cierre, su prestamista y su agente harán la mayor parte del trabajo. Sin embargo, para que el proceso transcurra satisfactoriamente, procure hacer lo siguiente:

1. Mantenga sus finanzas bajo control.
2. Devuelva todas las llamadas y documentos sin pérdida de tiempo.
3. Comuníquese con su agente por lo menos una vez a la semana.
4. Varios días antes del cierre, confirme con su agente que toda la documentación esté lista y en orden.
5. Obtenga fondos certificados para el cierre.
6. Realice una visita de revisión final.

Verificaciones finales del prestamista

Así como usted confirmó el valor de su futura vivienda mediante una inspección de la misma, las entidades de crédito también toman ciertas medidas antes de finalizar una hipoteca a fin de cerciorarse de que están respaldando una inversión sólida. Estas medidas incluyen:

- Una tasación para confirmar el valor de la propiedad.
- Un estudio topográfico para confirmar los límites legales y títulos de la propiedad.
- Una investigación de títulos para verificar la titularidad de la propiedad
- Un seguro de título para brindar protección contra errores en la investigación de títulos.

Es muy probable que estos pasos finales (los cuales correrán por su cuenta como parte de los costos de cierre) transcurran sin inconvenientes. El objetivo de estas verificaciones antes del cierre es detectar los problemas que surgen ocasionalmente. Si surge algún problema, véalo de este modo: es mejor que una investigación de títulos o un estudio topográfico revelen que la propiedad o los límites son cuestionables *antes* del cierre y no después cuando la casa ya sea suya.

Tasación

Imagine que un comprador pide un préstamo de $300,000.00 por una casa y rápidamente cae en incumplimiento de pago. Si la institución crediticia no puede revender esa casa por $300,000.00, perderá dinero. Para protegerse contra esa posibilidad, su prestamista exigirá una tasación independiente para determinar el valor de la casa antes de finalizar su hipoteca. Los tasadores hacen exactamente lo que usted y su agente hicieron al decidir cuánto ofrecer por su casa: comparan la propiedad con otras en la misma zona en cuanto a tamaño, condición, ubicación y comodidades. En la mayoría de los casos, los tasadores establecen un precio que refleja el valor justo de mercado que los compradores ya han logrado determinar.

Sin embargo, algunas veces los tasadores consideran que las casas valen menos que lo que el comprador y el vendedor han acordado. Esto puede suceder por varias razones. Quizás el vendedor hizo mejoras sin obtener los permisos necesarios, por lo que los tasadores no pueden contarlas legalmente como parte del valor de la casa, o a veces los compradores en mercados muy dinámicos ofrecen más dinero que el precio solicitado para asegurarse de que su oferta sea aceptada.

Su prestamista no otorgará una hipoteca por un monto superior al valor de tasación de la casa, de modo que si la tasación resulta baja, usted deberá encontrar una forma de costear la diferencia. Supongamos, por ejemplo, que usted suscribe un contrato de oferta por una casa de $350,000.00, y planea hacer un pago inicial de $70,000.00 y pedir prestado $280,000.00. Si la propiedad es tasada por un valor inferior, de $340,000.00 y el prestamista le presta solamente $270,000.00, usted deberá agregar la diferencia agregando $10,000.00 al pago inicial para poder cerrar la transacción. En estas situaciones, puede suceder que el vendedor reduzca el precio, el comprador abone el efectivo adicional o el comprador y el vendedor se dividan la diferencia. Usted también puede cuestionar la tasación y pedir al prestamista que solicite una nueva. (Sin duda, vale la pena intentarlo si considera que el tasador no evaluó correctamente un mercado dinámico.)

Pero si nada de esto funciona y no puede costear la diferencia del valor o no confía en el valor de la tasación, puede hacer uso de la cláusula de contingencia sobre financiación de su contrato y desistir de la compra. Tenga en cuenta que, en Canadá, las cláusulas suelen tener fechas de vencimiento. Cerciórese de lo que necesita saber sobre su casa, como por ejemplo la tasación, antes de que venza alguna cláusula sobre financiación.

Estudio topográfico

Cuando los vecindarios son nuevos, resulta sencillo determinar dónde termina un jardín y comienza el otro. Sin embargo, a medida que pasan los años y las personas agregan cercas, cobertizos y otras reformas, es común que los límites se vuelvan borrosos. Por eso es preciso realizar un estudio topográfico. Este estudio proporciona una vista panorámica de los límites de la propiedad para cerciorarse de que su nueva casa y sus demás estructuras no invadan la propiedad de otra persona. También confirma la ubicación de las servidumbres, las áreas sobre las cuales los propietarios no deben construir. Las más comunes son las servidumbres para servicios públicos que aseguran un acceso permanente a las líneas de tendido eléctrico y alcantarillado a los organismos del gobierno. Este acceso incluye el derecho a derribar todo lo que se encuentre dentro del área de servidumbre que pudiera interferir con el trabajo de estos organismos. Puede parecer increíble que alguien construya su nuevo comedor dentro del área de servidumbre, pero todos los agentes tienen una anécdota sobre un propietario que se olvida de verificar las servidumbres al momento de construir una piscina, una ampliación o un garaje no adosado.

Los estudios topográficos también pueden protegerlo de ventas absolutamente fraudulentas. Aunque no es común, ha habido casos de personas que buscaban adquirir una propiedad y compraron lo que pensaron era una enorme parcela de tierra, sólo para descubrir que estaban equivocados y que solo habían comprado una parte de lo que pensaban. Cuando se hace correctamente, un estudio topográfico le mostrará todo el alcance de lo que le corresponde a usted como propietario y lo que no.

Si el vendedor posee un estudio topográfico reciente, los prestamistas generalmente lo aceptan. Sin embargo, si el estudio topográfico tiene más de unos cuantos años de antigüedad, los prestamistas usualmente exigen uno nuevo. Normalmente, el prestamista encarga el estudio y usted lo paga como parte de los costos de cierre. Después del cierre, usted conserva el estudio topográfico, así que cerciórese de guardarlo en un lugar seguro, ya sea en una ubicación física, como una caja fuerte personal, o en su computadora, en una carpeta dedicada a sus documentos de propiedad. De este modo, cuando decida realizar una ampliación, ¡sabrá dónde *no* construir el nuevo comedor!

Título (de la propiedad)

Sorprende bastante que los propietarios a veces olviden la ubicación exacta de los límites de su propiedad, pero es todavía más sorprendente el tipo de confusión que puede surgir en torno a quién tiene la posesión legal o "título" sobre una propiedad determinada. Factores tales como divorcio, muerte y deudas pueden generar dilemas legales sobre quién posee el derecho de llamar a una casa "mi hogar".

Los agentes inmobiliarios y crediticios han visto casi de todo. Barbara Frierson, quien es agente de créditos en Austin, Texas, recuerda un cierre que se tuvo que demorar porque la casa en venta pertenecía a un propietario que falleció sin dejar testamento, obligando a la compañía de títulos a rastrear todos los herederos potenciales para que aprobaran la transacción antes de poder concluir con el cierre. "¡Probablemente tengo suficientes historias para escribir un libro! Hubo un caso en el que las personas que estaban vendiendo la casa no eran los propietarios", dice. "Si no hubiera sido por la compañía de títulos, nadie lo habría sabido".

Es por este tipo de problemas que los prestamistas exigen una investigación de títulos y **un seguro de título** antes del cierre. Hacer una investigación de títulos es como hacerse un estudio de detección de enfermedades poco comunes en su chequeo anual de rutina: probablemente no habrá problemas pero, si los hay, es preciso enterarse de inmediato. Una compañía de títulos de propiedad (o un abogado especialista en temas inmobiliarios, en Canadá) protege su transacción al investigar si el título está sujeto a **gravámenes** (reclamaciones contra la propiedad), y otros problemas potenciales. Además de instancias de propiedad en disputa, la investigación de títulos lo protege ante gravámenes impagos, es decir, reclamos contra las deudas del vendedor. Por ejemplo, no le conviene comprar la casa de una persona en litigio con el Servicio de Impuestos Internos (IRS, por sus siglas en inglés) por impuestos impagos. Si el IRS (o su equivalente en Canadá, la Agencia Canadiense de Ingresos [Canada Revenue Agency]) embarga la propiedad, usted podría quedar atrapado en el medio.

A pesar de toda la investigación, a las compañías de títulos a veces se les escapan algunas cosas. Por eso su prestamista también le exigirá que contrate un seguro de título que cubra los costos si, por ejemplo, el heredero desaparecido aparece unos años después. El seguro de título también cubre errores en la interpretación del estudio topográfico.

Los preparativos finales: Manténgase apto para conseguir una hipoteca

Quizás desempeñe un rol secundario en la tasación y las tareas relacionadas con el título, pero al momento de finalizar el préstamo usted es la gran estrella. Su prestamista verificará sus finanzas justo antes del cierre para cerciorarse de que usted mantenga el mismo buen estado financiero que tenía cuando le otorgó la aprobación previa uno o dos meses atrás. Su trabajo consiste en mantener una buena calificación y solvencia: mantenga sus gastos discrecionales al mínimo, no compre nada a crédito y, ante todo, no gaste sus reservas de efectivo.

"Cuando se trata de mantener un buen perfil financiero hasta el la fecha del cierre, hay una lista de cosas que se deben hacer y otras que no", dice el agente Ed Huck, de Cleveland, Ohio. "Por ejemplo, no abra ninguna otra línea de crédito para nada: automóvil, muebles, nada. Documente todos los depósitos en sus cuentas. No realice grandes depósitos ni retiros sin explicaciones ni comprobantes".

Tristemente, todo agente tiene una anécdota sobre compradores que no se dieron cuenta de que necesitaban mantener su perfil financiero impecable hasta el momento del cierre. En la emoción por instalarse en su hermosa casa nueva, algunos compradores se precipitan a comprar muebles y electrodomésticos. Después, cuando el prestamista examina su capacidad de crédito, se descubre que su calificación ha disminuido, tanto que a veces ya no reúnen los requisitos para el préstamo.

"Trabajé con una pareja que había comprado toda una carga de muebles a crédito justo antes del cierre", comenta el agente Don Beach de Tulsa, Oklahoma. "Ya de inicio tenían poco crédito, y con esas compras se salieron del rango aceptable. Lo descubrimos la noche antes del cierre". Por suerte, Don logró un acuerdo con la compañía de muebles para "devolver" los muebles hasta que se cerrara la transacción. Esta medida restableció el crédito de la pareja, así que a pesar de pasar unas horas estresantes en estado de desesperación, lograron conservar ambas cosas: la casa *y* los muebles.

Comprar muebles no es la única manera en que los compradores ponen en riesgo las transacciones. Algunos gastan descuidadamente el pago inicial o el dinero que habían ahorrado para los costos de cierre. Esto puede conducir a algunas maniobras desesperadas para disponer de efectivo a último momento. "Nosotros la llamamos la cláusula Tesla", dice Zander Blunt, gerente de sucursal de préstamos hipotecarios de Austin, Texas. "Hemos tenido personas que compran automóviles unos días antes del cierre. He visto de todo, desde autos BMW y Tesla hasta botes. Tuvimos un cliente que compró un automóvil y tuvo que devolverlo al día siguiente para completar el cierre. Completó el cierre para la compra de su casa un día más tarde, y *luego* regresó otra vez para comprar el automóvil de nuevo, pero esta vez le cobraron más".

Lo mejor es ahorrarse la tensión: congele sus finanzas apenas comience a buscar una casa. Apriétese el cinturón, ahorre hasta el último centavo, deje que su ropa se desgaste del uso. No haga compras importantes y mantenga a raya los gastos menores. Después de todo, podrá decidir hacer gastos adicionales una vez que sea el propietario oficial de su casa.

Superar los contratiempos

Sin importar cuán cuidadoso hayan sido usted y su equipo, las negociaciones pueden fracasar a último momento, incluso en la mesa de cierre. Así que no se escandalice si surge un problema y debe ser resuelto a último momento antes de poder cerrar la transacción. Esto sucede todo el tiempo. La ley de Murphy (una máxima famosa que dice que si algo puede salir mal, seguramente saldrá mal) interviene la mayoría de las veces en el momento del cierre.

Sea paciente y las cosas se arreglarán. Después de todo, hay tantos documentos y personas involucradas en un cierre, tantas piezas móviles, que algo, en alguna parte, puede detener toda la maquinaria... transitoriamente.

Si algo bloquea el cierre, por lo general se trata simplemente de eso: un bloqueo. Las cosas deberían subsanarse en unas horas o en unos días. Sin embargo, a veces las transacciones se frustran estrepitosamente. Puede suceder por cualquier número de razones, y sentirlo en carne propia puede ser un golpe tremendo. Tanto trabajo, tanto esfuerzo, tanta preparación... para nada.

Pero no es así. Obviamente, el fracaso de una transacción es un contratiempo y una desilusión. Pero incluso si tiene que buscar una casa nueva, gran parte del trabajo ya estará hecho y usted ha adquirido una sólida educación en el mercado. Sabe lo que está buscando. Ya conoce un buen inspector, un buen prestamista y un buen agente. Así que ya tiene el equipo completo listo para acompañarlo cuando esté listo para sacudirse el polvo y volver a la cancha.

Cuenta regresiva para el cierre

Cuando tanto la casa como usted hayan sido verificados, recibirá la carta compromiso de préstamo final. Sólo entonces la compañía de cierre fijará fecha, hora y lugar para el cierre. (En Canadá, deberá estipular el cierre con su abogado.) A medida que se acerque el gran día, coordine con las partes correspondientes y confirme que tiene todo lo que necesita para realizar el cierre y la transición a su nuevo hogar sin inconvenientes. Entre lo que necesitará se incluye:

1. Informe de cierre
2. Fondos certificados
3. Comprobante de seguro

Informe de cierre

Conocido también como balance de cierre, el informe de cierre es una presentación oficial final de los términos de su préstamo y los costos de cierre exactos. A veces se lo denomina Informe de cierre "HUD" o "HUD-1", que era el nombre en el formulario hasta 2015, cuando se cambió al formulario de "Declaración de cierre". Se entiende solo a medias, ¿cierto? La mayoría de los préstamos cuantiosos de cualquier tipo requieren que los prestamistas elaboren un informe de cierre para revisión del cliente, el cual define explícitamente cuáles son todos los cargos y las expectativas. Por ley, su prestamista debe presentarlo al menos un día antes del cierre. No obstante, si lo solicita antes, tendrá más tiempo para compararlo con el estimado de buena fe.

En esencia, el informe de cierre es un desglose renglón por renglón de los costos asociados con la compra de su casa. Enumera los términos y condiciones del acuerdo que usted y todas las demás partes han acordado. Aunque se sienta hastiado entre tantos documentos y no vea el momento para empezar a mudarse a su nueva casa, es importante tomarse el tiempo para revisar cuidadosamente su informe de cierre con su agente. Esta es su última oportunidad para cerciorarse de que todo lo que está a punto de firmar coincide con lo que ha conversado o lo que le han dicho previamente.

Por ejemplo, a lo mejor usted lee el documento y descubre que su tasa de interés o cualquier otro cargo resultan superiores de lo que le prometieron, en cuyo caso le aconsejamos que llame a su agente inmediatamente. También es un buen momento para que su agente le explique los cargos que todavía no comprende, de modo que pueda sentirse lo más seguro posible el día de cierre.

Fondos certificados

Cuando compra una propiedad, no puede simplemente sacar su chequera en la mesa de cierre. Necesitará abonar el pago inicial y los costos de cierre con fondos certificados provistos por una institución financiera. Los fondos certificados son importantes en transacciones más cuantiosas como las inmobiliarias por una razón simple: a diferencia de un cheque regular, los fondos certificados no pueden rebotar. Están *certificados*, con lo cual existe la garantía de que los fondos están en reserva. Esto evita un atasco en la transacción por falta de fondos.

Una vez que tenga en sus manos el informe de cierre, podrá ir a su banco y obtener la cantidad exacta de fondos que necesitará a través de un cheque de caja o bien solicitando que su banco realice una transferencia a la cuenta de reserva para el cierre.

Comprobante de seguro

El punto final para poner todo en orden con su prestamista es presentar prueba del seguro sobre la propiedad (que a la vez demuestra que la casa es asegurable); esta prueba será una carta que sirva como comprobante de seguro emitida por su compañía. *No olvide que parte de dicha evidencia consiste en pagar por adelantado un año de primas del seguro.*

Visita de revisión final

El día antes del cierre tendrá la oportunidad de pasear por la casa que pronto será suya. Respire profundo. Siéntase orgulloso. Y luego, mire con atención a su alrededor. La visita de revisión final le brinda la última oportunidad de asegurarse de que la casa esté limpia y se hayan efectuado todas las reparaciones solicitadas. Si por casualidad encuentra que falta algo por hacer, dígaselo a su agente de inmediato para que pueda negociarlo con el agente del vendedor, por ejemplo, dejando dinero en la cuenta de reserva para cubrir el costo de la reparación. Recomendamos una visita de revisión final como una excelente manera de evitar problemas y preocupaciones, pero es bueno tener en cuenta que no siempre es parte del proceso típico de cierre. Su agente deberá solicitar dicha revisión a los vendedores y probablemente deba incluirla como condición de su contrato. Sólo tiene que preguntar.

Preguntas que formular en la revisión final

1. ¿La casa está limpia y ya se han retirado las pertenencias del vendedor? *Si no es así*, ¿cuándo ocurrirá?

2. ¿Se hicieron todas las reparaciones requeridas? ¿Solicitó y recibió documentación relativa a cuándo se hicieron las reparaciones y quién estuvo a cargo de las mismas?

3. ¿Tiene todos los elementos necesarios para la casa (códigos, controles, manuales e información de garantías, entre otros)? *Si no es así*, ¿cuándo los recibirá?

Pero incluso si la casa está reluciente y las reparaciones parecen impecables, asegúrese de obtener documentación que indique que se completaron las reparaciones y quién estuvo a cargo de las mismas. En primer lugar, su compañía de seguros o compañía de garantía de la propiedad podría exigir documentación de las reparaciones en algún momento. Además, hasta los mejores contratistas de vez en cuando cometen un error: si la tubería que acaban de reparar tiene otra pérdida dos semanas después del cierre, deberá saber quién puede arreglar el problema. También es el momento ideal para obtener toda la información detallada que necesitará como nuevo propietario de la casa, como códigos de acceso seguridad, cierre automático del garaje y manuales de los electrodomésticos.

Día del cierre

El día de cierre es un acontecimiento que cambia la vida: ingresa siendo un inquilino y sale como propietario. Sin importar lo que sienta la mañana del día de cierre, hay una cosa de la que puede estar seguro: está preparado. "Para cuando llegó el momento del cierre, había aprendido tanto sobre depósito en garantía, puntos, impuestos inmobiliarios y todo lo demás, que ya no me importaba que el cierre en sí me resultara casi un misterio", recuerda Tonja Pitzer, de Oklahoma. "Tenía una persona en quien confiaba para guiarme que me decía 'Firma aquí y firma aquí'".

El día del cierre, se sentará a la mesa con un manojo de bolígrafos y firmará tantas veces que comenzará a sentirse como el capitán Kirk en una convención de *Viaje a las estrellas*. Fuera de eso, los procedimientos varían muchísimo de una provincia a otra, de un estado a otro e incluso de una ciudad a otra El agente de cierre, a cargo de coordinar la transacción, puede ser un abogado, un representante de la compañía de títulos de propiedad u otra persona. Puede que usted se siente en la mesa frente a frente con el vendedor, o puede que estén en puntos diferentes de la ciudad. Su agente o un miembro del equipo del agente podrían estar presentes para explicar preguntas de último momento. Hay una miríada de variables dependiendo de donde usted viva. De todos modos, el agente de cierre normalmente puede ofrecerle explicaciones mientras usted firma documentos con los siguientes propósitos:

1. Finalizar su hipoteca
2. Pagar al vendedor
3. Pagar sus costos de cierre

4. Transferir el título de propiedad del vendedor a usted

5. Gestionar los arreglos necesarios para registrar legalmente la transacción en los registros públicos.

Es posible que reciba las llaves de inmediato, o bien su entrega podría realizarse una vez que se acrediten los fondos y se registre legalmente la transacción. Y siempre es posible que haya algún tropiezo; un señor, por ejemplo, se olvidó de colocar su segundo nombre en uno de los formularios y el prestamista tuvo que corregir el error antes de que él y su esposa pudieran recibir las llaves de la casa. Sin embargo, mientras usted sepa qué esperar y siga las instrucciones, el cierre debería ser la conclusión trascendental de su proceso de búsqueda de casa y el comienzo de su experiencia como propietario.

La noche del cierre

Un día, de repente, todo termina. Usted ya no es inquilino. Ya no busca ni compra casa, sino que es *propietario* que acumula capital, disfruta de beneficios fiscales y se deleita con la libertad de pintar su comedor de cualquier color que se le antoje.

Ser propietario genera orgullo, satisfacción y seguridad. Delante de sí tiene todo un espacio enteramente suyo para comenzar esta nueva etapa emocionante de la vida. Sin embargo, ser propietario también implica responsabilidades. Algunas son divertidas, como arreglar el jardín. Otras, hay que admitirlo, pueden ser una molestia, como afrontar la primera emergencia de mantenimiento. Afortunadamente, la relación que ha construido con su agente no termina el día del cierre de la transacción. Los agentes que ofrecen un servicio integral se precian de estar allí para responder a sus preguntas, prestar atención a sus necesidades y brindar un servicio para toda la vida. El capítulo 10 ofrece algunas ideas sobre cómo aprovechar esta oportunidad.

Puntos para recordar

- Sus responsabilidades antes del cierre son:

  - Mantener sus finanzas bajo control.
  - Devolver todas las llamadas y entregar la documentación oportunamente.
  - Comunicarse con su agente al menos una vez por semana.
  - Confirmar con su agente que toda la documentación esté lista y en orden varios días antes del cierre.
  - Obtener fondos certificados para el cierre.
  - Realizar una última visita de revisión final.

- Asegurarse de estar informado del horario y lugar del cierre.
- Confirmar con su agente que la siguiente documentación ya está lista y en orden:

  - Informe de cierre: la representación oficial y final de las condiciones de su préstamo y de los costos exactos de cierre.
  - Fondos certificados: el monto exacto en dólares que necesitará para el cierre a través de un cheque de caja u otros fondos garantizados.
  - Comprobante de seguro: prueba de que usted realmente ha contratado un seguro sobre la propiedad; esta prueba será una carta que confirma que tiene seguro y es emitida por su aseguradora.

- Su agente estará presente para ayudarle con cualquier altibajo que pueda surgir, aun después que la compra inicial haya concluido.

LA PRIMERA CASA DE SHARON GIBBONS

"No puedes pagarla". Fue lo primero que dijo mi madre cuando mi esposo y yo le contamos nuestros planes de comprar nuestra primera casa. Mi padre, por el contrario, cedió apenas vio el tamaño del amplio garaje. Rápidamente trajo su bote.

No puedo decir que culpo a mi madre por inquietarse. Éramos muy jóvenes y recién casados, ambos estudiantes a tiempo completo y empleados de medio tiempo. Pero mi esposo y yo pensábamos que comprar esa casa resultaba perfectamente lógico. En primer lugar, estaba ubicada en la zona en donde habíamos crecido, Galena Park, Texas, y conocíamos a todo el mundo. En segundo lugar, el precio solicitado era de $18,000.00 y parecía una excelente oportunidad. Los pagos que deberíamos

---

Fotografía cortesía de la familia Gibbons.

hacer para comprar nuestra casa propia eran apenas superiores a nuestro alquiler mensual.

Sonrío ahora al pensar en esa joven de veintiún años que se mudaba a su primer hogar. Al instante se sintió tan madura y tan ama de casa. Las mujeres de ambas familias siempre se habían ocupado de mantener un huerto y preparar conservas y encurtidos. Con entusiasmo seguí sus pasos y usé la vieja cocina de la casa para preparar mermeladas y conservas de higo. Todavía recuerdo las mermeladas burbujeando en la olla y el calor que salía de esa cocina en aquellos largos veranos de Texas. Mientras tanto, mi esposo arregló el bote de mi padre y desocupó el garaje. Después, se dedicó a hacer buen uso del amplio garaje para dos autos en varios otros proyectos. Incluso reparó el motor de uno de nuestros autos.

Nos divertimos tanto en aquella casa. Tenía unos árboles hermosos en el patio y quedaba cerca de todo, incluidas nuestras familias y amigos de la infancia. Ahora que lo pienso, creo que hacíamos fiestas y reuniones casi todas las semanas. Cuando la vendimos tres años después para construir una casa e iniciar nuestra familia, logramos obtener un pequeño beneficio.

Poseer una casa propia siempre ha sido importante en mi familia. Como crecieron durante la Depresión, mis padres creían firmemente que siempre que tuvieras tu casa propia (con suficiente espacio para un pequeño huerto), estarías seguro.

Cuando mi hija cumplió veinte años, reviví la emoción de la compra de la casa propia al ayudarle a comprar la suya. Encontró una casa pequeña y bonita, y la ayudamos a financiarla por quince años. Esto significa que para cuando tenga treinta y cinco años será totalmente suya, libre de deudas.

Me encantó poder ayudar a mi hija a cumplir el sueño americano. También siento la satisfacción de saber que, sin importar lo que suceda, ella siempre tendrá su techo propio. En cierto sentido, estoy transmitiendo el consejo que mis padres me dieron —la importancia de ser propietario— a la siguiente generación.

Sharon Gibbons es tesorera de KW Cares y una de las primeras empleadas de Keller Williams Realty.

CAPÍTULO 9

MUDARSE Y PROTEGER SU INVERSIÓN

Usted no necesita un libro que le diga que el día que por fin se mude a su propia casa será uno de los más emocionantes de su vida. Es un logro importante, un gran hito en la edad adulta y una inversión económica significativa; en definitiva, algo que celebrar. De hecho, mientras viva en su casa, ese mismo orgullo renacerá cada vez que alguien admire el jardín o sus artículos de decoración.

El orgullo de ser propietario es apenas una de las maneras en que su vida cambiará a partir de ser dueño de una casa. Puede acrecentar su patrimonio, formar una familia, plantar un jardín...las posibilidades son ilimitadas. Su nueva casa implica nuevos privilegios, pero también nuevas responsabilidades. Para empezar, todo el proceso de mudanza envuelve muchos aspectos: servicios, empresas de mudanza, claves de correo y mucho más.

Otras responsabilidades, como el mantenimiento del hogar, se desarrollarán con el tiempo. Puede que todo parezca confuso al principio, pero no se preocupe. Como ya sucedió en cada etapa que atravesó en el proceso de compra de la casa, aprenderá a sacar el máximo provecho de su casa paso a paso. Y, por supuesto, siempre podrá contar con su agente con apenas una llamada, listo para ofrecer consejos y opiniones incluso mucho tiempo después de asentarse en su nueva casa.

Instalarse

Aunque es posible que sienta que ya cruzó la meta una vez terminado el cierre, aún quedan cosas pendientes antes de poder mudarse a su primera casa. Apenas tenga las llaves en la mano y empiece a disfrutar de que, finalmente, esta casa *es suya*, arremánguese la camisa para completar el último tramo. Estos son algunos de los últimos pasos que debe dar para garantizar que el día de la mudanza sea tan perfecto como lo ha imaginado.

1. Transferencia de servicios públicos

Quizás piense celebrar la primera cena a la luz de las velas en su casa nueva, dependiendo de su *gusto*. Sin embargo, las velas serán su única opción si se olvida de transferir los servicios públicos a su nombre y no tiene electricidad. Puede que sea agradable por una noche, pero, sin duda, este es uno de esos "lujos de la vida moderna" del que no querrá prescindir por mucho tiempo.

Un par de semanas antes del cierre, póngase en contacto con todas las compañías de servicios correspondientes (gas, electricidad, agua, recolección de basura, teléfono, cable, entre otros) para hacer los trámites necesarios para transferir los servicios en su posible fecha de cierre. Cree un recordatorio para transferir los servicios públicos lo antes posible y evitar una interrupción de servicios. Normalmente, la mayoría de las compañías de servicios permiten una superposición de cuentas en dos direcciones distintas, de modo que los servicios no se interrumpan mientras la casa se desocupa y vuelve a ocupar.

Servicios públicos usuales que verificar

Hay una larga lista de cosas que se deben tramitar a la hora de mudarse, y la mayoría son servicios públicos. Antes de la fecha de la mudanza, querrá revisar esta lista y asegurarse de que ha programado todos los servicios para transferirlos. (O, si se trata de diferentes compañías de servicio, verificar la suspensión de un contrato y el inicio del otro.)

- Electricidad
- Agua
- Gas
- Internet
- Cable
- Basura
- Reciclaje

2. Compañías de mudanza

La mayoría de los agentes recomiendan contratar compañías de mudanza para minimizar las complicaciones. Sin embargo, la decisión de recurrir a estas compañías es personal y dependerá de la cantidad de efectivo de que usted disponga después de comprar la casa y de la cantidad de cosas que tenga que mudar. Si planea usar una compañía de mudanzas, contrate sus servicios cuanto antes (un mes de anticipación no es demasiado pronto), y para esto debe hacer lo mismo que cuando contrata cualquier otro profesional: solicite recomendaciones de clientes satisfechos. Después de todo, algunas de las cosas más irreemplazables que tenemos en nuestra casa prácticamente no tienen valor económico por el cual reclamar en caso de pérdida o daño (como su antigua colección de discos de vinilo), pero eso no significa que no se deban manejar con cuidado.

3. Acuérdese del correo

Si se está mudando a una casa con un buzón brillante en el césped o fijado a la pared, entonces de lo único de lo que tendrá que preocuparse es de cambiar su dirección con el servicio postal. (Esto se puede hacer fácilmente en Internet en *moversguide.usps.com* en Estados Unidos o a través del sitio web de Canada Post en *canadapost. ca* para quienes vivan en Canadá.)

Sin embargo, vivir en un vecindario con buzones de correo de la comunidad implica otros elementos más. En lugar de simplemente tomar la antigua clave de correo, tendrá que ir a su oficina de correos local y que le asignen un nuevo buzón. Esto requiere dos cosas: Documento de identidad y prueba de propiedad de la vivienda. Al presentar esto, se le asignará un nuevo buzón y luego lo llamarán en unos días para recoger sus nuevas llaves y cualquier correo que le haya llegado en ese tiempo.

Empacar inteligentemente

Desempacar y acomodarse puede tomar un par de días, especialmente si lo hace por sus propios medios. Cuando esté empacando y preparándose para mudarse a su nueva casa, recuerde separar algunos artículos necesarios, para que tenga a mano lo que necesita antes de terminar de desempacar. Eso significa recoger por lo menos una semana de ropa, algunos alimentos básicos de cocina, primeros auxilios, y utensilios y platos de plástico. Asegúrese de que tiene lo básico que necesitará en el día, incluso si aún no ha encontrado esa caja de zapatos.

Buenos hábitos para su casa

¡Finalmente se ha mudado! Tal vez incluso ha comenzado a transformar su nuevo hogar con alfombras nuevas, nueva disposición de los muebles y una mano de pintura. Parte de la dicha de ser propietario de nuestra propia casa es poder decidir cómo queremos que luzca, pero también es importante mantenerla en buenas condiciones. Es verdad que acordarse de limpiar las canaletas de desagüe o cambiar los filtros de aire no es ni remotamente igual de divertido que aplicar una capa de pintura nueva sobre las paredes de la sala de estar. Sin embargo, prestar atención al mantenimiento de la casa —incluso si usted jamás toca un destornillador— es fundamental para proteger el valor a largo plazo de su inversión.

El mantenimiento de la casa se agrupa en dos categorías principales, que llamaremos "mantenerla limpia" y "vigilarla". La primera incluye lo básico que hacemos cada día: pasar la aspiradora, limpiar los mostradores y mantener las cosas ordenadas. Pero hay sistemas importantes en su hogar que necesitan limpieza y mantenimiento, similar al cambio de aceite de su automóvil. De ciertas cosas puede encargarse usted mismo sin problemas, por ejemplo de limpiar las canaletas de desagüe. Sin embargo, algunos sistemas funcionan mejor si reciben cuidado profesional y regular, en particular los sistemas de calefacción y de aire acondicionado.

Después de acomodarse en su casa y desempacar las cajas, le aconsejamos que examine los requisitos de mantenimiento de los sistemas de la propiedad y elabore un plan de atención periódica. El agente Dakoda Reece, de Geneva, Illinois, aconseja, "crear una lista y marcar en su calendario cuándo hacer cosas como cambiar los filtros, limpiar las canaletas, etc. Esto lo ayudará a mantenerse al tanto de todo". Este tipo de mantenimiento, además de prevenir problemas mayores, también le garantiza que los sistemas estarán cubiertos por su garantía para la vivienda si efectivamente se descomponen.

Al mismo tiempo, los propietarios inteligentes están atentos a señales de manchas de agua, grietas, pintura descascarada u otros indicios de daño inminente. A modo de ejemplo, el deterioro de la masilla alrededor de las ventanas no parece gran cosa, pero es una de las principales causas del crecimiento de moho. Detectar estos problemas cuanto antes podría prevenir que un inconveniente pequeño se convierta en uno importante o cause otro problema. Reparar una fuga de agua en las tuberías, por ejemplo, no es nada comparado con reparar la pérdida *más* el daño ocasionado por uno o dos años de humedad en las paredes o el piso. Ahora bien, si necesita un ejemplo más dramático, ¡imagine la diferencia que pueden representar un par de pilas nuevas en el detector de humo!

Buenos hábitos para su casa

Manténgala limpia

Realice un mantenimiento rutinario de los distintos sistemas de su casa, dependiendo de la antigüedad y el estilo.

En general, su lista debe incluir lo siguiente:

1. Limpiar las canaletas de desagüe una vez al año.
2. Cambiar los filtros de aire cada dos a tres meses o cuando se vean sucios.
3. Realizar un servicio de mantenimiento profesional de los sistemas de calefacción y de aire acondicionado una vez al año.
4. Cambiar las baterías de los detectores de humo una vez al año.
5. Leer en los manuales de electrodomésticos la sección sobre mantenimiento recomendado, por ejemplo, el recambio del filtro de agua del refrigerador

Esté alerta

Esté pendiente de cualquier señal de fuga, deterioro o desgaste. Reparar problemas menores apenas surjan puede ahorrarle mucho dinero más adelante.

Preste atención a lo siguiente:

1. Las grietas en el cielorraso o las paredes podrían indicar problemas en los cimientos.
2. Las manchas de agua indican fugas que requieren ser reparadas cuanto antes.
3. El desgaste de la masilla alrededor de puertas y ventanas permite el paso de humedad y el crecimiento peligroso de moho dentro de las paredes.
4. Las tejas descoloridas o combadas indican que se acerca el final de la vida útil del techo.
5. Si hay ramas de árboles que rozan y raspan su techo, las tejas podrían dañarse y permitir que se introduzcan plagas en la casa.
6. Indicios de presencia habitual de plagas en la zona.

Figura 9.1

El buen mantenimiento de su casa es también una decisión económica inteligente. Por una parte, ayuda a construir un futuro potencial de inversión, ya sea alquilando o vendiendo. Tal vez más adelante decida conseguir una casa un poco más grande y, en vez de vender su primera casa, decida convertirla en inmueble para alquiler. De esa manera, el cobro a los inquilinos podría ayudarle a pagar la hipoteca original de su primer hogar (si es que aún no la ha saldado), y usted puede acumular algo de dinero adicional.

Por otra parte, mantener su hogar en buen estado le ayudará a preparar el terreno para vender más adelante y usar ese dinero para la compra de una nueva vivienda. Pero, si quiere hacer más que un simple cambio, tendrá que asegurarse de que su casa sea un reflejo de lo mejor que haya en ese mercado futuro. Es importante recordar que su nueva vivienda es una inversión orientada a aumentar sus activos inmobiliarios en el futuro. Como tal, resulta una excelente manera de aprovechar el capital y ampliar su cartera. Todo lo que requiere es un poco de atención, conocimiento y dinero. Puede organizarse para mantener el control de estos requisitos: utilice su garantía para la vivienda y ahorre una reserva de efectivo para cuestiones de mantenimiento.

Aprovechar al máximo las garantías para la vivienda

Las garantías para la vivienda ganan cada vez más popularidad como "carnada" para enganchar a muchos compradores. Incluso si el vendedor no le proporcionó una de estas garantías, usted mismo puede adquirirla. Sin embargo, recuerde que una garantía para la vivienda no es lo mismo que el seguro sobre la propiedad y normalmente sólo cubre su casa por un período limitado. Si el vendedor eligió la póliza, por lo general puede efectuar cambios a la cobertura en el transcurso del primer mes de ser propietario. Lea bien los términos y condiciones: la mayoría de las pólizas excluye ciertos electrodomésticos o sistemas y podría llevarse una sorpresa después si descubre que el refrigerador no está cubierto justo *después* de comenzar a calentarse. También le sugerimos que, si va a hacer cambios, los haga cuanto antes. A las compañías de garantías no les gusta que usted espere hasta que el calentador de agua se descomponga para incorporarlo a la cobertura si no estaba incluido en un principio, de modo que normalmente requieren que un técnico certifique el estado (a expensas suya) si solicita agregar algo a la cobertura más adelante.

A fin de aprovechar al máximo su garantía para la vivienda, es bueno que sepa de antemano las circunstancias que podrían hacer que la compañía de garantías rechace la cobertura. Algunas empresas alegan mantenimiento deficiente como motivo del rechazo, mientras que otras tal vez no cubran aquellas reparaciones efectuadas por una persona que no haya sido enviada por el proveedor de la garantía. Como ejemplo, si su aire acondicionado deja de funcionar y le pide a Joe, el vecino que es técnico en sistemas de climatización, que le dé una miradita antes de llamar a la compañía de garantías, podrían rechazarle la cobertura. Por lo tanto, siga correctamente los pasos y canales adecuados que requiere su proveedor de garantía.

Las garantías cuestan varios cientos de dólares al año, y por esto muchos compradores, en particular aquellos que tienen una casa nueva, deciden que sería mejor gastar el dinero en otra cosa y hacer ellos mismos las reparaciones. Pero, aquellos a quienes la garantía les cubrió un trabajo por varios miles de dólares a menudo confían plenamente en su valor a largo plazo.

Reservas para mantenimiento

Tenga o no garantía, sin dudas debe contar con un presupuesto para gastos de mantenimiento. Dependiendo del tamaño y la antigüedad de la casa, calcule que podría gastar varios cientos o incluso varios miles de dólares en mantenimiento cada año. Prever para este tipo de costos aliviará las dificultades en caso de emergencia, y también le ayudará a mantener bajo control problemas que en apariencia son menores pero que pueden empeorar terriblemente con el tiempo. Incluso si finalmente no gasta todas las reservas, tendrá la opción de emplear el efectivo para proyectos divertidos de renovación, como por ejemplo, cambiar los azulejos del baño o embellecer el patio.

A la larga, las responsabilidades que conlleva el ser propietario se vuelven insignificantes ante la alegría y los privilegios de ser dueño de su propio hogar. El último paso del proceso de compra de una casa debe resultar obvio: illegó la hora de celebrar!

¡A celebrar!

Por fin logró llegar al final de la travesía y el comienzo de la vida como propietario. Diferentes personas celebran este logro de distintas maneras. Algunas organizan una gran fiesta para conocer a los vecinos nuevos. A otras las embarga un entusiasmo súbito y pintan todo o plantan media docena de árboles nuevos. Ciertas personas simplemente desean sentarse en el sofá, mirar con admiración las paredes y el techo interior y sentir un cosquilleo de satisfacción. Para muchos propietarios, una de las maneras más gratificantes de celebrar el acontecimiento y el privilegio de ser dueños de su propia casa es involucrarse en la vida del vecindario.

Después de todo, resulta natural que al sentar raíces comience a pensar en formas de mejorar el terreno. A medida que la gente se establece en sus nuevos vecindarios, para muchos propietarios el nuevo compromiso los lleva a repensar la comunidad e involucrarse de nuevas y variadas maneras, como son limpiar parques, comprar galletas a las Niñas Exploradoras, actuar como jefes del distrito electoral para su partido político, servir de voluntarios en sus iglesias, sinagogas y mezquitas, y hasta unirse a grupos de Facebook formados por todos sus vecinos. Cualquiera sea la forma que este compromiso adopte, muchos propietarios sienten que la conexión que se establece cuando son dueños de una casa por la que se preocupan y preocuparse por las personas del vecindario los lleva a un nivel completamente diferente.

Le deseamos lo mejor en esta etapa, que aproveche al máximo su nueva casa y la colme de buenos momentos y recuerdos perdurables. Datri Gasser piensa en esto mientras moderniza poco a poco la encantadora casa de los años veinte que compró en Seattle, Washington. La propietaria anterior, una anciana llamada Marjorie, vivió allí durante cincuenta y tres años. En todo ese tiempo, Marjorie se había ocupado de su hogar con sumo cuidado y buen gusto; acumuló en la casa las reliquias de medio siglo de vida. Datri no tiene planes de permanecer allí tanto tiempo, pero aun así, al considerar los años por delante, se siente embargada de un sentido de permanencia. "Tenemos un profundo respeto por nuestra casa porque Marjorie la cuidó tan bien", dice.

"Queremos hacer lo mismo, cuidarla y valorarla y luego entregarla a otras personas".

Si bien Datri y su esposo han vivido en esta casa varios años, la emoción de ser propietarios nunca parece desvanecerse. "Nos sentimos tan afortunados cuando compramos la casa", expresa Datri. "Seguimos sintiéndonos así todos los días".

Puntos para recordar

- Asegúrese de programar su servicio de mudanzas, transferir los servicios públicos y tener todo listo y en orden para una mudanza sin contratiempos.
- Realice un mantenimiento rutinario de los distintos sistemas de su casa, dependiendo de la antigüedad y la condición de estos.
- Esté pendiente de cualquier signo de fuga, deterioro o desgaste. Resolver a tiempo los problemas pequeños le ahorrará dinero más adelante.
- Siéntase orgulloso de ser propietario, disfrute los beneficios, y visite el sitio web *YourFirstHomeBook.com*, donde encontrará hojas de trabajo y otros recursos útiles.

LA PRIMERA CASA DE TERESA METCALF

De niña, mi familia se mudaba constantemente, así que, no fue hasta que yo estaba en los últimos años de escuela primaria que mis padres compraron su primera casa en Dunn, Carolina del Norte. Cuando pienso en esa casa, lo que me viene a la mente no es la casa estilo rancho en sí, sino las actividades que sucedían a su alrededor, como cuando jugábamos con nuestros dos perritos en el patio cercado.

Cuando mi esposo y yo nos casamos, nos mudamos en una pequeña y hermosa vivienda dúplex de dos dormitorios. En ese entonces mi hijastro tenía diez años, así que estábamos perfectamente acomodados y cada quien tenía su propia habitación. Sin embargo, desde el momento que supimos que esperábamos un bebé, las cosas cambiaron. Nuestro pequeño y hermoso dúplex

* *Fotografía cortesía de Ashley Reis.*

no tenía el espacio suficiente para otro niño. Era hora de que compráramos nuestra primera casa.

En retrospectiva, sé que las cosas resultaron exactamente como estaban destinadas a ser. En ese momento, sin embargo, la compra de nuestra primera casa estuvo acompañada de una buena dosis estrés. Al principio habíamos decidido construir una casa, pero el proyecto no fraguó. El constructor terminó teniendo problemas y le pusieron una demanda. En ese punto nos sentíamos alarmados, con un bebé en camino y ningún lugar a donde ir.

Decidimos entonces trabajar con un agente para buscar una casa en reventa en Lewisville, Texas. Con el reloj en contra y mi inminente parto, sólo miramos un par de casas. Tan pronto entramos en la casa ubicada en el 929 de Hawthorne Court, supimos que habíamos encontrado el lugar perfecto para criar a nuestra familia. Nuestra reacción inicial fue instintiva, pero ambos sabíamos que esta casa era donde se suponía que teníamos que vivir. Era una casa de ladrillo de dos pisos con techos altos, pisos de parquet y un plano abierto. El patio trasero era enorme y el lugar perfecto para el gran columpio que eventualmente colocaríamos allí. Con un precio de $135,000.00, estaba por encima de lo que queríamos gastar en ese momento, así que tuvimos que ser creativos para encontrar dinero para el pago inicial. Con todo y eso, la casa estaba destinada a ser nuestra, y una semana después de que nos mudamos, di a luz a nuestra hija, Caroline.

Nuestra primera casa es la fuente de tantos recuerdos familiares especiales e imborrables. Traje a mis dos hijos del hospital a la casa en el 929 de Hawthorne Court.

Celebramos sus primeros cumpleaños allí. Recuerdo a mi abuela tomar un vuelo inusual de Carolina del Norte a Texas para conocer a nuestros hijos en nuestra casa y posar para una foto multigeneracional con las mujeres de mi familia. Mi padre vivía en Tulsa, Oklahoma, y tenía una morera en su patio que a nosotros nos encantaba. Durante una visita a nuestra casa, mi madrastra nos regaló un retoño de ese árbol y lo plantamos con nuestros hijos en el patio. Con el paso de los años, creció hasta convertirse en un hermoso árbol de 25 pies que todavía hoy sigue en pie. Aunque nos mudamos a Austin cuando mi hija y mi hijo tenían ocho y seis años respectivamente, todavía hablan de la casa. Hasta el día de hoy, mi hija todavía recuerda lo mucho que le gustaba su dormitorio en la casa de Hawthorne Court.

Nuestra primera casa es una representación de lo que somos. Me encantó esa casa y me siento orgullosa de ella. Me enseñó el valor de ser dueño de algo y convertirlo en algo por lo que sientes un gran aprecio.

Teresa Metcalf es la administradora ejecutiva en la oficina del director general y forma parte de Keller Williams desde 2005.

CAPÍTULO 10

DISFRUTAR LOS BENEFICIOS POR LARGO TIEMPO

Cuando comenzaba la aventura de comprar una casa, usted eligió detenidamente un agente que valorase el profesionalismo y cimentara los negocios sobre la base de relaciones estables. Durante las últimas semanas o meses, es probable que hayan compartido mucho tiempo y se conozcan bastante bien. No hay por qué tirar por la ventana toda esa confianza y buena comunicación simplemente porque se cerró la operación. Aun más, su agente *querrá* que usted se mantenga en contacto.

"A los compradores les decimos que queremos ser la persona a quien acudan ante cualquier problema", afirma la agente Janet Faulk, de Carolina del Norte. "Contamos con un cúmulo de información y queremos seguir compartiéndola con nuestros compradores, sin importar cuánto tiempo haya pasado desde el cierre". Los agentes llaman a este compromiso "un servicio para toda la vida" y resulta particularmente útil en el primer año —emocionante y sorprendente— en que usted es propietario de su casa.

La realidad es que un nuevo hogar puede ser tan extraño como lo que hay debajo del capó del auto. Si no está familiarizado con la mecánica de lo uno ni de lo otro, no sabrá qué hacer cuando algo se descomponga. Pero, al igual que un mecánico, su agente es *un experto* en lo que hace. "Me gusta estar con alguien o tener el consejo de alguien cuya experiencia es la compra de casas", afirma Carnell Roberts, nuevo propietario. "Ellos pueden aportar conocimientos más amplios sobre el proceso". Solo porque ya se ha mudado, no significa que no pueda seguir contando con su experiencia. Después de todo, los agentes tienen contacto con contratistas, corredores de hipotecas, pintores, decoradores, etc., y un sinfín de personas cuyo único trabajo es el cuidado y mantenimiento de viviendas. Por lo tanto, si le ha gustado el servicio ofrecido por su agente, no dude en recurrir a este para obtener ayuda en el futuro.

De hecho, algunos agentes incluso han creado lo que llaman servicios de "conserjería" para sus clientes. Este servicio incluye un número al que usted puede llamar o enviar un mensaje de texto que funciona como un directorio y le proporcionará una serie completa de informaciones, desde con quién hablar para decorar una cocina hasta a quién contratar para instalar una bañera nueva. Para un nuevo propietario sin experiencia, este tipo de información puede ser invaluable. "Nos hemos mantenido en contacto con nuestra agente inmobiliaria", señala Erika Winders, propietaria de vivienda y residente en Austin. "Ahora la consideramos una amiga. Seguimos recibiendo sus consejos sobre el mercado inmobiliario, ya que estamos considerando otras compras en el futuro".

También podría sorprenderle cuánto se aprende en las semanas y meses posteriores al cierre. Surgirán todas aquellas cosas (por ejemplo, una cortadora de césped o un taladro) que probablemente no pensó que iba a necesitar. Pasará por la primera emergencia de mantenimiento, una molestia, pero al final la superará. Incluso su propia vida podría depararle sorpresas, como por ejemplo, un embarazo inesperado por el cual de repente su hogar perfecto de dos dormitorios y un baño le resulta un poquito menos perfecto, o bien una oportunidad laboral increíble que cambia su itinerario diario para viajar al trabajo.

Cualquiera que sea la sorpresa en su vida, su agente estará encantado de asesorarle. Usted también puede prepararse para las sorpresas; basta aprender un poco sobre los sistemas, las peculiaridades y las necesidades de su hogar. Para ayudarle, hemos llenado esta última sección con consejos útiles, trucos y estrategias para salir adelante como un profesional en su primer año como propietario.

Comience inteligentemente: inversiones con la mejor rentabilidad

De lo mejor que puede hacer como propietario en su primer año es realizar pequeños proyectos en torno a la casa que instantáneamente agreguen valor a su hogar. Con un poco de ingenio e inversión propia, usted puede emprender proyectos que no sólo harán que su casa se adapte a su propio gusto, sino que también se revertirán en beneficios económicos a la larga. Luego de consultar con distintos agentes, hemos preparado una lista de algunos de los proyectos de remodelación que cualquier nuevo propietario puede completar.

1. Realzar el aspecto exterior

Una de las mejores maneras para que su nueva casa adquiera otro nivel es realzar el aspecto exterior. Desde crear esa pérgola en el jardín hasta colocar una capa de mantillo alrededor de los brotes de las jardineras, hay un sinfín de formas de convertir los espacios exteriores en una extensión de su entorno vital.

Pero, si ha estado viviendo en un apartamento o alquilando una casa, puede que no tenga las herramientas necesarias para esta labor.

Prepare una lista de todas las herramientas que podría necesitar y haga un sondeo a su alrededor de lo que mejor funcione de acuerdo a sus planes y su casa. Es posible que tenga muchas compras nuevas por hacer, desde palas, cortadoras de césped y guantes de jardinería hasta tijeras de podar. Sin embargo, con unas cuantas herramientas nuevas (o prestadas) y un poco de esfuerzo, usted puede transformar su nueva casa y lograr un cambio espectacular.

"Las plantas pueden tardar años en crecer, y si quiere plantas más grandes, son más caras. Por lo tanto, comenzar con plantas más pequeñas es más conveniente. Si las planta inmediatamente desde que se mude, habrán madurado y crecido para cuando usted vaya a vender. Es lo que hago primero en mis propias casas cuando compro. Eso me da la ventaja de poder disfrutarlo también". —**Julie y Ed Huck**

"En el exterior, piense en agregar bordes decorados en algunos detalles exteriores, jardineras, fuentes y color. Los adoquines son una excelente forma de añadir diseño y un aire sofisticado en exteriores. Hay muchísimas opciones florales para casi cualquier tipo de clima y para cada temporada. Todo esto ayuda a embellecer el área y atrae polinizadores. Tan pronto prepare su diseño, tome las debidas precauciones si piensa excavar para no golpear ninguna línea de servicio público. Una vez que haya terminado, no se olvide de agregar una capa de mantillo. El mantillo es un toque final que hará que todo se vea estupendo". —**Sam Hasty**

"Plante árboles al minuto de comprar una casa. Un árbol de cien dólares se convierte en un árbol que podría costar miles de dólares reemplazarlo. Plante diez árboles o más y transformará su hogar haciéndolo más deseable y posiblemente más valioso". —**Gary Keller**

2. Actualizaciones rápidas y sencillas

Una de las maneras más fáciles y económicas de realzar una habitación y darle un toque personal es pintándola. La pintura puede transformar y darle vida a una habitación, haciendo que las paredes recuperen nuevo brillo. Todo lo que se requiere es un cubo de pintura, unas cuantas brochas y un fin de semana con su pareja o amigos. Hay muchos arreglos rápidos y baratos que usted puede hacer para darle a su hogar una renovación instantánea, incluso antes de mudarse, como alisar los acabados de techos, instalar alfombras nuevas o poner una nueva encimera.

"Una de las formas más fáciles y económicas de remozar es con pintura. Tenga presente que los colores neutros les gustan a la mayoría de las personas, y hacen su hogar más atractivo para más gente a la hora de vender. Un galón de pintura generalmente cuesta menos de veinticinco dólares".
—**Wendy Papasan**

"Veo que últimamente la gente hace algún tipo de tratamiento con madera para destacar una pared. Es muy fácil de hacer, y si usted es una persona un tanto habilidosa, puede elegir un diseño geométrico sencillo y lograr los mismos resultados. Se ve muy bien y no cuesta gran cosa. Sé de alguien que lo hizo en una casa que estaba renovando para reventa. Creo que le costó $300 hacerlo en la pared del comedor y consiguió darle un toque bastante refinado. Puede que no aumente mucho el valor de la inversión, pero le da a la casa un aspecto muy elegante". —**Danny Charbel**

3. Resolver las labores mayores

Hay algunas reparaciones que son necesarias pero que requieren más tiempo o más dinero. Desde nuevas unidades de aire acondicionado hasta un nuevo tejado, hay veces que las cosas de mayor envergadura se tienen que reponer de cualquier modo. Después de todo, incluso si cambia de opinión y decide vender cinco años más tarde, su rentabilidad será aún mayor si invierte en un sistema de calefacción nuevo o un porche trasero. Y podrá pasar cinco años disfrutando de su casa en vez de quejarse de lo fría que está en el invierno.

"Por lo general, las personas que compran casa por primera vez tienen entre veintitantos y treintitantos años y no tienen muchos ingresos disponibles inmediatamente después de comprar la casa. La tentación es convertir la casa en una 'casa de *show* de televisión' lo antes posible. La realidad es que, la tarea de remozar una casa se debe priorizar en tres categorías: lo indispensable (sistemas mecánico y eléctrico, plomería y techo), lo opcional (pisos, cocina y baños) y dinero en reserva para cualquier imprevisto". —**James Williams**

"Cuando mis clientes compran casa les aconsejo que traten de reservar cinco mil dólares para emergencias. La mayoría de los sistemas de calefacción cuestan entre cinco y seis mil dólares, y en gran medida costará lo mismo si se necesita un techo nuevo. Trato de que se sitúen en un punto donde se sientan económicamente cómodos cuando se presentan esos gastos". —**David Monsour**

"Número uno: compre una garantía para la vivienda. Las unidades de climatización y otros sistemas antiguos pueden ser bastante costosos, mientras que la garantía para la vivienda no lo es. En la mayoría de los casos, la garantía cubrirá eso y, por lo tanto, reducirá en gran medida el riesgo financiero de comprar una casa con sistemas anticuados. Por lo tanto, soy un gran partidario de las garantías para vivienda para reducir ese desembolso potencial de dinero después de seis meses en su nueva casa". —**Brandon Green**

"Hay muchas casas en las que entro con un comprador y le digo, 'A menos que tengas planes de estar aquí durante cinco años o más, no vas a recuperar tu inversión de inmediato', pero si me dicen que piensan quedarse en la casa a largo plazo, trato de aconsejarles sobre qué comprar y actualizar para mantener una baja inversión en la casa, pero aún así mantenerla atractiva". —**Charles Tamou**

4. Encuentre los accesorios perfectos

Los pequeños detalles pueden realzar cualquier espacio, desde un nuevo ventilador de techo hasta tiradores más modernos para las gavetas. La iluminación puede ser igual de transformadora que una capa de pintura. A nadie le gusta una habitación oscura y lúgubre, sobre todo si la iluminación tiene un toque de otra época sin nada de atractivo. Por lo tanto, si tiene la sensación de estar viviendo en una caverna o si tiene ventiladores de techo que cuelgan en cada rincón, considere la posibilidad de añadir una ventana o una nueva fuente de iluminación para crear más luz y un aspecto más moderno.

"Una actualización sencilla a su nueva casa serían los accesorios de iluminación. Es una manera fácil de actualizar el aspecto de la casa y hacer que se adapte al gusto propio. Esta es una manera económica de aumentar el valor de su hogar con el tiempo". —**Jen Davis**

"Si la casa carece de luz, considere la posibilidad de añadir claraboyas sobre la escalera o en el baño del propietario para aumentar la luz natural". —**Anna Kilinski**

"Los accesorios de cocina y baño, los accesorios de iluminación, los grifos nuevos o incluso la instalación de una nueva ducha de lujo en el baño principal son formas excelentes y económicas de darle un toque de actualidad a una propiedad". —**Shaina Moats**

"Cuando se colocan nuevos accesorios de iluminación, la idea es resolver uno de dos problemas, ya sea modernizar el estilo o una deficiencia (como un armario que no tiene luz). Lo que no haría es gastar demasiado dinero en esa clase de cosas. Los ventiladores de techo son un ejemplo perfecto. Puede comprar un ventilador de techo por $40 o comprar un ventilador de techo por $900". —**Nick Waldner**

Mantenga una lista de proyectos

Si tiene dificultad para priorizar los distintos proyectos, la agente Charlotte Savoy le ofrece buenos consejos: "Mantenga una lista continua de cosas grandes y pequeñas que le gustaría hacer en la casa. Esto le servirá para presupuestar y permanecer enfocado en las metas que usted tiene para mejorar la casa. Cuando tenga algo de dinero extra, puede hacer cosas pequeñas como cambiar los accesorios de iluminación o las perillas de las puertas por algo más moderno. Los pequeños detalles tienen gran impacto".

Trate de que sus planes de remodelación sean a largo plazo, y elija solo uno o dos proyectos grandes en un mismo año. Tal vez este primer año se decida por pintar todas las habitaciones, plantar algunos árboles y comprar nuevos accesorios de iluminación para la entrada principal. Elija sus proyectos sobre la marcha, calcule su presupuesto y pronto tendrá una impresionante casa llena de recuerdos.

5. Haga renovaciones inteligentes y ahorre dinero

Otra opción estupenda es buscar maneras de renovar su hogar y acumular más dinero en su bolsillo. Esto quizás signifique invertir en electrodomésticos más nuevos y eficientes o poner un barril para recolectar agua de lluvia. Así mantiene su jardín verde y su factura de agua intacta. Lo mejor de todo es que, muchas de estas distintas opciones para realzar una casa suelen ser excelentes opciones económicas, como por ejemplo, ventanas nuevas. Si bien es cierto que el precio de compra e instalación tiende a ser bastante cuantioso, el ahorro en su factura de calefacción o de climatización puede ser un enorme beneficio.

"Hay muchas formas de invertir en su hogar y realzar su valor, como pintar o añadir un sistema de seguridad. Hacer una auditoría energética es también una excelente forma de ahorrar". **—Brad Davis**

"Me encantan las cosas como el termostato Nest, o cualquier otro termostato inteligente que me permita administrar los costos y el uso de energía cuando estoy en la casa y hacer ajustes de forma remota". **—Sarita Dua**

"Para los propietarios de viviendas que quieren que sus hogares sean más eficientes en términos energéticos, incluso los cambios más pequeños pueden suponer una gran diferencia a largo plazo. Cambiar las bombillas a luces LED es un cambio ecológico relativamente barato que puede tener un impacto duradero en su factura de electricidad. Instalar un termostato programable es otra manera de hacer que su casa sea más eficiente y le permite ahorrar en electricidad". **—Lance Loken**

6. Hacer pagos adicionales de hipoteca

Una de las mejores cosas que usted puede hacer en el primer año de vivir en su nueva casa es hacer pagos adicionales de su hipoteca. De hecho, hacer pagos adicionales es una decisión inteligente, ya sea que se trate de su primera casa o su casa número cincuenta. Además, como nuevo propietario, si el inicial que pagó fue menor, hacer pagos adicionales podría ayudarlo a recortar el equivalente a varios años de intereses y eliminar el pago del seguro hipotecario privado más pronto.

"Calcule su presupuesto para hacer pagos hipotecarios adicionales cada año. Mi esposo y yo hacemos un pago adicional cada mes, pero incluso un pago adicional al año puede reducir el equivalente a varios años de interés hipotecario". —**Sarah Reynolds**

"A todos les recomiendo que hagan sus pagos hipotecarios cada dos semanas, y si su prestamista lo permite, los pagos semanales son aún mejores. El monto es el mismo, pero se paga al capital más rápido y, teniendo 52 semanas en lugar de 12 meses, al final haces pagos adicionales de manera natural y prácticamente sin darte cuenta ni pensar en ello". —**Troy Williams**

"Si obtiene una hipoteca a 30 años, la probabilidad de quedarse allí 30 años en realidad es bastante escasa. Siempre puede pagar más si lo desea, pero no está obligado a hacerlo. Con tan solo un pago adicional de hipoteca al año podría reducir el plazo de su préstamo significativamente. Puede que usted no tenga grandes ingresos adicionales, pero si consigue algo inesperadamente, procure abonarle a su préstamo, o simplemente pague un poco más cada mes. Solo con eso se logra bastante". —**Anna Kilinski**

¡Adelante!

Comprar su primera casa es un desafío y una alegría. Como la mayoría de las primicias, la experiencia viene acompañada de una multitud de incógnitas, pero es en el seno de esas incógnitas donde vivimos nuestras vidas y toman cuerpo nuestras historias. La camaradería con nuestra pareja cuando realizamos una mejora de la casa. Las risas cuando tratamos de arreglar el fregadero y luego salimos empapados. Los niños corriendo por las habitaciones, antes vacías y ahora llenas de juguetes y risas. Los amigos que disfrutan de una pizza como agradecimiento por ayudar con la mudanza, mientras recogemos las últimas cajas del antiguo apartamento.

Esos son los momentos que hacen que una casa sea un hogar, y esos mismos momentos son los que hacen que la vida valga la pena. Esperamos que este libro lo ayude en su recorrido por una vida de tales dimensiones, dentro de las reconfortantes paredes de su nuevo hogar. Esperamos que le haya servido como guía y fuente de alivio y solaz cuando creía que ya no podría visitar otra casa más o firmar otro documento más. Todos hemos pasado por las mismas pruebas y tribulaciones, las mismas primicias, y esperamos haberlo ayudado a encontrar las suyas propias. Le deseamos mucho éxito por su primera casa, su última casa y todos los recuerdos forjados de inicio a fin.

¡Adelante!

ANEXO

Su agente, su equipo

Durante la compra de una casa, usted no trabaja con una sola persona. De hecho, en muchos casos usted estará trabajando con un equipo de varias personas. Si se siente confundido tratando de identificar a cada uno de los profesionales que intervienen en el proceso, esta hoja de trabajo lo ayudará a llevar un control de los nombres y la información de cada persona.

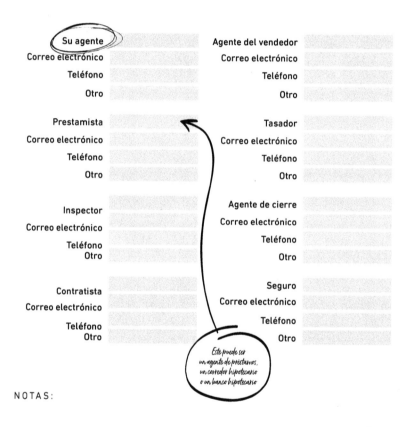

Su agente		Agente del vendedor	
Correo electrónico		Correo electrónico	
Teléfono		Teléfono	
Otro		Otro	

Prestamista		Tasador	
Correo electrónico		Correo electrónico	
Teléfono		Teléfono	
Otro		Otro	

Inspector		Agente de cierre	
Correo electrónico		Correo electrónico	
Teléfono		Teléfono	
Otro		Otro	

Contratista		Seguro	
Correo electrónico		Correo electrónico	
Teléfono		Teléfono	
Otro		Otro	

Este puede ser un agente de préstamos, un corredor hipotecario o un banco hipotecario

NOTAS:

La casa ideal: Deseos y necesidades

ESCRIBA SUS DESEOS

Para saber lo que necesitamos, primero debemos saber lo que queremos.
En el espacio de abajo, escriba todo lo que desea en una casa. Puede ser cualquier cosa, desde el estilo de pisos y ubicación hasta el número de dormitorios que prefiere.

_____

_____

_____

_____

_____

_____

_____

DEL QUÉ AL POR QUÉ

Analice la lista anterior. ¿Cuáles son los motivos que sustentan sus deseos?
Tómese unos minutos para reflexionar sobre los valores subyacentes que sustentan sus deseos y escríbalos más abajo.

Valores:

DIVIDIR

En función de sus valores y de lo que siente que necesita, divida sus deseos entre necesidades a corto plazo y necesidades futuras.

Inmediatas:

Futuras:

GLOSARIO

Acuerdo de representación del comprador: un acuerdo firmado por un comprador y su agente, en el cual se establece que cualquier casa comprada será adquirida con la ayuda de ese agente por un período de tiempo acordado (es decir, el tiempo por el que usted acuerda trabajar con ese agente).

Agente del comprador: agente inmobiliario especializado en compradores.

Agente del vendedor: agente inmobiliario especializado en trabajar con personas que están vendiendo su casa.

Alquiler con opción a compra: una opción de arrendamiento en la que usted alquila la propiedad del vendedor hasta que tenga el capital o efectivo para comprarla.

Amortización: el proceso mediante el cual su prestamista calcula todo el interés que usted pagará durante la vigencia del préstamo, más la cantidad que usted está tomando prestado, y lo divide entre el número total de pagos que usted hará.

Análisis competitivo del mercado (CMA, por sus siglas en inglés): un análisis que su agente creará durante el proceso de la búsqueda de casa. Incluye una compilación de los registros en el listado múltiple de casas en venta, o MLS, sobre casas recientemente vendidas que se asemejan a la que usted desea en términos de tamaño, condición, ubicación y comodidades. Consulte "comparables" (o comps).

Anexos contractuales: anexo a un contrato que modifica los términos y condiciones originales.

Apreciación: el aumento del valor de algo con el tiempo. Cuando se trata de una casa, se refiere al aumento de su valor (generalmente determinado por el mercado local de bienes raíces), así como cualquier mejora hecha a la casa.

Asesor de seguros: en ocasiones también conocido como perito de seguros. Es la persona que investiga las reclamaciones para determinar cuánto debe pagar una compañía de seguros por daños.

Asociación Canadiense de Bienes Raíces (CREA, por sus siglas en inglés): asociación comercial certificada que representa a los profesionales inmobiliarios en Canadá.

Asociación de propietarios (HOA, por sus siglas en inglés): una organización que rige las reglas y normas de un residencial, comunidad planificada o condominio. Tienen autoridad para imponer multas a los propietarios de viviendas que incumplan las normas o reglamentos comunitarios. Los fondos de la asociación proceden de las cuotas que se cobran a los residentes.

Asociación Nacional de Agentes de Bienes Raíces ®
(NAR, por sus siglas en inglés): una organización de
corredores inmobiliarios. Es una asociación comercial a
beneficio de los que participan en el sector inmobiliario
en Estados Unidos.

Asunción (de deuda): se refiere al traspaso de una
hipoteca existente a un nuevo comprador. Generalmente
incluye los plazos y saldos de la hipoteca original.

Banqueros: empleados o propietarios de un banco o
grupo de bancos.

Capital: el importe principal del préstamo. En otras
palabras, la cantidad originalmente prestada.

Capital: la porción del valor de su casa que usted posee
realmente. En pocas palabras, es el dinero que iría directo
a su bolsillo después de venderla y terminar de pagar la
hipoteca y todos los gastos asociados con la venta.

Carácter: el tipo de casas, calles y parques que engalanan
una zona o vecindario.

Cobertura contra todo riesgo (póliza de seguros):
una póliza de seguro relacionada con los seguros de
vivienda. Cubre los daños causados por todo lo que no
esté específicamente excluido en el texto de la póliza.

Comisión: una cuota pagada a un agente o un tercero
por su papel en una transacción o servicio general.

Comparables (comps): las casas recientemente vendidas
que se parecen a lo que usted busca convertir en un

hogar. Parte de un CMA. Consulte "Análisis competitivo del mercado".

Condominios: edificios o complejos en que los apartamentos o casas en serie (townhouses) son propiedad individual de sus residentes.

Corredor hipotecario: persona cuyo trabajo es conocer y encontrar los mejores prestamistas en el mercado.

Cuenta de depósito en garantía: cuenta independiente que contiene un porcentaje del dinero de una transacción antes de finalizada.

Declaración del vendedor: información escrita de lo que el propietario declara saber sobre la condición actual de la propiedad.

Deducción fiscal: un incentivo fiscal que reduce los ingresos sujetos a impuestos al incluir cosas tales como gastos adicionales.

Disposiciones, códigos y restricciones (CC&R, por sus siglas en inglés): reglas o códigos que rigen un bien inmobiliario. Los CC&R son una práctica común entre las asociaciones de propietarios (HOA, por sus siglas en inglés). Consulte "Asociación de propietarios de viviendas".

Divulgaciones contractuales: se refiere a cualquier documento que las partes contractuales tengan la obligación de revelar.

Evaluador de riesgo: miembro de una organización financiera que, durante las transacciones y a cambio de una tarifa u honorarios, evalúa y asume el riesgo a favor de un tercero.

Fiduciario: profesional que actúa a favor de los intereses de los clientes en lugar de sus propios beneficios personales.

Financiamiento por el propietario: una forma de financiación creativa por medio de la cual el vendedor es el verdadero titular la hipoteca mientras usted hace los pagos.

Garantía para la vivienda: un tipo de garantía que ayuda a cubrir el costo de reparaciones menores del hogar o reemplazos de sistemas.

Garantía: un artículo o propiedad que un prestatario cede en prenda como forma de proteger los intereses del prestamista.

Gastos de cierre: a veces llamados costos de liquidación, son los costos asociados con el cierre de su préstamo. Incluyen los propios cargos del prestamista, los cargos de terceros por requisitos tales como el seguro de título y el costo de un año por adelantado del seguro sobre la propiedad.

Gravamen: reclamación contra un activo que se utiliza como garantía en el caso de un préstamo o deuda.

Gravámenes: reclamaciones contra una propiedad, como por ejemplo, una deuda. Los gravámenes pueden impedir la transferencia del título.

Hipotecas con tasa de interés ajustable: (a menudo denominadas ARM, por sus siglas en inglés), como su nombre indica, tienen tasas de interés que fluctúan (o se ajustan) durante la vigencia del préstamo. A diferencia de las tasas de interés fijo, cualquier tipo de interés que usted consiga al momento del contrato es sólo temporal.

Impuesto sobre las ganancias de capital: impuesto aplicado sobre la venta de activos. Es un impuesto basado en el aumento del valor del activo en el momento de la venta.

Impuestos sobre la propiedad: un impuesto del gobierno que se basa en el valor estimado actual de la propiedad.

Inspector de vivienda: alguien que evalúa las propiedades en cumplimiento de los reglamentos modernos de seguridad. Su rol es ayudar a confirmar si una casa es asegurable y qué tipos de reparaciones puede esta requerir.

Interés: un tipo de cargo con una tasa particular que se paga a la institución de préstamo sobre el importe principal que se pide prestado.

Investigador de título: un profesional cuyo trabajo es determinar quién tiene titularidad legal sobre una propiedad.

Jaqueo de la casa (*House-Hacking*): es cuando un comprador adquiere un bien inmueble (ya sea una casa unifamiliar o una casa dúplex) y arrienda uno de los dormitorios o unidades para ayudar a cubrir los costos.

Ley de Equidad de Vivienda (Fair Housing Act, por su nombre en inglés): esta ley prohíbe la discriminación en el ámbito de vivienda por motivos de raza, género, soxo, discapacidad, estatus familiar, origen nacional, y otras particularidades.

Ley de Estadounidenses con Discapacidades (ADA, por sus siglas en inglés): la Ley de Estadounidenses con Discapacidades (ADA), que fue aprobada en los noventa, prohíbe la discriminación por motivos de discapacidad. Esto incluye la discriminación en el lugar de trabajo, gobierno, alojamientos, lugares comerciales, transporte y más.

Ley de Veracidad en los Préstamos: es una ley federal que protege a los prestatarios de prácticas crediticias abusivas o injustas.

Listado múltiple de casas en venta (MLS): es un servicio privado para profesionales de bienes raíces. Una MLS es una organización que ofrece cooperación y compensación entre corredores.

Oficial de plica: la persona responsable del procesamiento de las transacciones de bienes raíces.

Oficial de préstamos hipotecarios: agente de crédito. Persona que evalúa y autoriza una solicitud de préstamo.

Pago (mensual) de hipoteca/pago (mensual) del préstamo: es la porción de dinero que usted abona mensualmente para el pago de su préstamo hipotecario. Los pagos mensuales de su hipoteca se calculan en base a su pago inicial, la tasa de interés y el monto del préstamo.

Pago inicial: un porcentaje del precio de compra de la casa que se paga con los fondos propios del comprador.

Póliza de amplia cobertura: una póliza de seguro que lo protege por responsabilidad dentro o fuera de su propiedad y puede cubrir cosas más allá de su casa.

Póliza por costo de reemplazo: una forma de seguro de vivienda. Aunque generalmente es más caro, ofrece más cobertura que una póliza por el valor real en efectivo. Consulte "(póliza por el) valor real en efectivo". Generalmente, cubrirá el costo de reconstrucción total de su casa tal como estaba antes del evento en caso de destrucción.

Préstamo combinado: un préstamo que cubre la diferencia entre el efectivo que usted tiene y el efectivo que necesita para completar el 20 por ciento del inicial. A modo de ejemplo, si tiene para pagar el 10 por ciento de inicial, podría adquirir un préstamo "80/10/10", es decir, un 80 por ciento del primer préstamo, un 10 por ciento del segundo préstamo y un 10 por ciento del pago inicial. Se utiliza para evitar el seguro hipotecario privado. Consulte "Seguro hipotecario privado".

Préstamos de tasa fija: préstamos hipotecarios en los que la tasa de interés que se paga está preestablecida o "fija".

Prima anual de seguro: el pago anual a una compañía de seguros para mantener activa esa póliza.

Seguro contra errores y omisiones (E&O, por sus siglas en inglés): seguro que lo protege de demandas a causa de errores cometidos como parte del servicio profesional.

Seguro de bienes personales: seguro que cubre específicamente sus pertenencias (por ejemplo, las cosas que están dentro de su domicilio).

Seguro de título: un tipo de seguro diseñado para proteger a los propietarios y prestamistas de pérdidas económicas debido a transferencias de título imperfectas o problemáticas.

Seguro hipotecario privado (PMI, por sus siglas en inglés): es un tipo de seguro hipotecario que se requiere para los préstamos convencionales cuando el pago inicial es menor al 20 por ciento del valor de la vivienda. Consulte "Pago inicial".

Servidumbre: parte de la propiedad que puede ser utilizada por otra entidad no propietaria. Como ejemplo, puede haber una servidumbre para que una compañía de cable pueda acceder a uno o varios cables enterrados en la propiedad.

Tasa de interés hipotecario: el porcentaje de interés asociado a los pagos de su préstamo hipotecario. Dependiendo del préstamo, esta tasa será fija o ajustable. Consulte hipotecas de "tasa de interés fija" y "tasa de interés ajustable".

Tasador: un profesional que determina el valor de mercado de un activo.

Tasas deducibles: un deducible es la cantidad de dinero que debe pagar por algo que está cubierto bajo una póliza de seguros. Puede ser una cantidad fija en dólares o una tasa porcentual. La mayoría de las pólizas de seguros de vivienda son deducibles expresados en forma de porcentaje, y las tarifas se calculan en función del valor asegurado de su hogar.

Términos: las normas acordadas entre dos partes en un contrato legal.

Título: el derecho legal a la propiedad.

Valor o patrimonio neto: una medida de la riqueza que se posee. En pocas palabras, es la cifra que se obtiene al sumar el valor de todo lo que posee y luego restar todo lo que actualmente debe.

Valor real en efectivo: un tipo de póliza de seguro de vivienda. Por lo regular, es una forma de cobertura menos costosa que sólo le reembolsa el valor en efectivo de lo que se destruyó o sufrió daño, menos la depreciación.

AGRADECIMIENTOS

Un gran número de personas de todo Estados Unidos y Canadá compartieron sus ideas, su tiempo y sabiduría con nosotros durante la investigación y labor de redacción de este libro. Nos gustaría agradecer a las siguientes personas por su espíritu de colaboración y generosidad:

Gracias a Dave Jenks, coautor original y parte de la familia Keller Williams por muchos años, por todo su arduo trabajo en la edición original de *Su primera casa* y por proporcionar más información e historias preciosas para la segunda edición. La escritora Madelaine Davis hizo un trabajo fabuloso investigando y actualizando esta segunda edición a partir del arduo trabajo del equipo de la primera edición, Rachel Proctor May y Jolynn Rogers. A Vickie Lukachik, quien con su talento en investigación y redacción también aportó a las experiencias de nuestros líderes de Keller Williams sobre su primer hogar. El asesoramiento y la experiencia en edición de AprilJo Murphy vieron culminar esta segunda edición.

Este libro no sería capaz de guiar a sus lectores por el proceso de compra de su casa sin la enorme cantidad de información que nos ofrecieron las siguientes personas: Lysi Bishop, Elizabeth Campbell, Danny Charbel, Dianna

Clark, Robert Colello, Amy Cromer, Jen Davis, Sarita Dua, Mike Duley, Thomas Elrod, Abril Florczyk, Tricia Grey, Brandon Green, Sam Hasty, Alex Helton, Adam Hergenrother, Dan Holt, Julie y Ed Huck, David Huffaker, Julia Lashay Israel, Kevin Kelly, Anna Kilinski, Lance Loken, Michelle Madding, Christine Marchesiello, Erin McCormick, Kymber Lovett-Menkiti y Bo Menkiti, Kimberlee Meserve, Shaina Moats, David Monsour, Shawn Morrison, Wendy Papasan, Lesley y Andy Peters, Dakoda Reece, Jim Reitzel, Jeff Reitzel, Sarah Reynolds, Shiloh Sadoti, Brady Sandahl, Charlotte Savoy, Kayla Smith, Josh Stern, Charles Tamou, Sandi Terenzi, Nick Waldner, Hallie Warner, James Williams y Troy Williams.

Nadie puede comprar una casa sin tener sus finanzas en orden. Gracias a estos profesionales financieros por dedicar su tiempo para ayudar a los lectores de esta segunda edición a dar el primer paso con miras a aumentar su patrimonio neto mediante la adquisición de una vivienda: Zander Blunt, David Eckert, Barbara Frierson, Monica Jenkins, Leslie Linder, George Milligan y Jeff Reitzel.

Cada primer hogar tiene un espacio especial en nuestro corazón. Agradecemos a los propietarios de viviendas que compartieron sus experiencias con nosotros para esta segunda edición: Melissa y Kevin Ankin, Pat Bauer, Valerie Blakey, Debbi Cohen, Amy Gilbert, Holly Gorman, Amy y Brian Katz, Erica y Dave Mass, Lynda McDonald, Carnell Roberts, Melissa Robertson, Becky y Matt Sirpis, y Erika Winders. Seguimos agradecidos por los propietarios que contaron sus historias para la edición original.

Parte de lo que creemos que hace que este libro sea tan especial son los vivos recuerdos que evoca. Nuestro profundo agradecimiento a Gary Gentry, JP Lewis, Linda y Jimmy McKissack, Teresa Metcalf, Althea Osborn y Bill Soteroff por rememorar con nosotros. Sus historias, así como las de Mo Anderson, Sharon Gibbons, Jay y Gary personifican los aspectos maravillosos e intangibles de poseer una casa.

Cuando se termina de escribir un libro, el trabajo no está completo. Tuvimos la suerte de recopilar los comentarios de algunas personas muy inteligentes para lograr que este libro brillara con luz propia. Nuestros críticos estelares incluyen a las siguientes personas: Zander Blunt, Mark Brenneman, Todd Butzer, David Eckert, Darryl Frost, Steven Hanlon, Tami Jackson, Garrett Lenderman, Kathleen Manchin, Jeff Reitzel, Bill Soteroff y James Williams. Kyle Romero y Allison Turner nos ayudaron a infundirle el grado y la medida justa de humor a las páginas interiores. Cindy Curtis diseñó un hermoso libro que nos sentimos orgullosos de exhibir en nuestros estantes. Gracias a Caitlin McIntosh y Owen Gibbs por su ayuda en la ejecución de la visión para este libro.

Seguimos agradecidos por todos los consejos de bienes raíces y asesoramiento financiero compartidos por todas las personas que participaron en la primera edición. Seguimos sumamente agradecidos con otros colaboradores que ayudaron de muchas maneras, desde ofrecer consejos hasta proporcionar fotografías que ayudaron a comercializar la primera edición. Nos gustaría agradecer a Ashley Reis por ayudarnos a tomar una fotografía de último minuto justo antes de la fecha de cierre.

Gracias a nuestro socio editorial, Todd Sattersten, de Bard Press, por toda su orientación para llevar a buen término esta segunda edición. Esta segunda edición no estaría hoy en las estanterías si no fuera por la ayuda de muchos de nuestros compañeros. Kathryn Cardin, Rubén González, Mindy Hager, Garrett Lenderman, Elise Poston y Diane Tyler aportaron su ingenio y apoyo durante los días y meses que dedicamos a este proyecto.

La gente es la que hace que una casa sea un hogar, y fue esta comunidad la que nos ayudó a hacer este libro realidad. Gracias a todos.

GARY KELLER

Gary Keller es cofundador y presidente ejecutivo de Keller Williams Realty. Sus obras *El Agente de Bienes Raíces Millonario* y *Lo único* se cuentan entre las listas de mayor éxito de ventas del *New York Times*, con millones de ejemplares vendidos en todo el mundo, más de 500 apariciones en las listas nacionales de mayor éxito de ventas, y han sido traducidas a casi 40 idiomas.

Gary se graduó de la Universidad de Baylor en 1979 con un título en mercadeo y bienes raíces. A los 26 años, se convirtió en vicepresidente de expansión de la que entonces era la mayor empresa inmobiliaria de Austin. Tres años más tarde, renunció a su cargo y creó su propia empresa inmobiliaria. A través de su filosofía de "gente ayudando a la gente", muy pronto Gary llevó a su compañía a nivel nacional y luego internacional.

Keller y su esposa, Mary, viven en Austin, Texas.

JAY PAPASAN

Además de ser un autor de gran éxito, Jay Papasan es vicepresidente de contenido estratégico de Keller Williams Realty, la compañía inmobiliaria más grande del mundo. También es cofundador de KellerINK y, junto a su esposa Wendy, copropietario del grupo Papasan Properties Group junto con Keller Williams Realty en Austin, Texas.

Jay nació y creció en Memphis, Tennessee. Después de asistir a la Universidad de Memphis, pasó varios años trabajando en París. Más adelante, se tituló por la Universidad de Nueva York en el programa de posgrado en redacción y comenzó su carrera editorial en HarperCollins Publishers. Estando allí, Jay colaboró en la elaboración de varios libros de gran éxito de ventas, tales como *Condición física para vivir mejor*, por Bill Phillips, y *Go for the Goal*, por Mia Hamm.

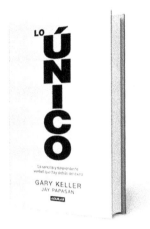

TAMBIÉN POR GARY KELLER Y JAY PAPASAN

LO ÚNICO

Lo único es un libro para gente ocupada. Le enseñará que los resultados que obtiene están directamente influenciados por la forma en que trabaja y las decisiones que toma. Aprenderá a identificar las mentiras que bloquean su éxito y los ladrones que le roban tiempo de su día. Centrándose en una cosa y una sola, usted puede lograr más haciendo menos. Únase a los más de dos millones de lectores que han encontrado resultados extraordinarios haciéndose las siguientes preguntas:

¿Qué es lo ÚNICO para usted?

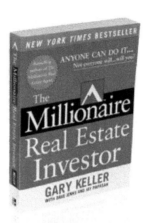

THE MILLIONAIRE REAL ESTATE INVESTOR (EL INVERSIONISTA MILLONARIO DE BIENES RAÍCES)

Una vez que comience a cosechar los beneficios de su primer hogar, comprenderá la enorme oportunidad económica que las propiedades inmobiliarias representan. *The Millionaire Real Estate Investor (El Inversionista Millonario de Bienes Raíces)* es una guía paso a paso que revela los modelos, las estrategias y las verdades fundamentales que los millonarios utilizan para enriquecerse por medio de las propiedades inmobiliarias. Sin embargo, este éxito de ventas del *New York Times* no es solo sobre bienes raíces, sino que también examina a fondo los mitos que impiden a algunas personas lograr la libertad financiera y las verdades que permiten a otros triunfar.

EL AGENTE DE BIENES RAÍCES MILLONARIO

Este éxito de ventas nacional expone la pregunta más importante que se pueda plantear en el sector de las ventas inmobiliarias: ¿Qué puedo hacer para que mis ingresos por ventas se disparen al nivel más alto posible? Créalo o no, es una pregunta simple con una respuesta simple. El *Agente de Bienes Raíces Millonario* prepara el terreno para que usted piense como un "agente millonario". Punto por punto, este libro le mostrará cómo ganar y obtener un valor neto de un millón por ingresos anuales en forma de activos y pasivos.

CPSIA information can be obtained
at www.ICGtesting.com
Printed in the USA
JSHW070159260123
36867JS00004B/5